Kombucha & Co.

Ulrich Arndt

Kombucha & Co.

Licht und
Lebenskraft
durch
Enzymgetränke

Im FALKEN Verlag sind weitere Bücher zur ganzheitlichen Gesundheit erschienen.
Sie sind überall dort erhältlich, wo es Bücher gibt.

Sie finden uns im Internet: **www.falken.de**

Der Text dieses Buches entspricht den Regeln
der neuen deutschen Rechtschreibung.

Dieses Buch wurde auf chlorfrei gebleichtem
und säurefreiem Papier gedruckt.

Originalausgabe
ISBN 3 635 60214 0

© 1998/99 by FALKEN Verlag, 65527 Niedernhausen/Ts.
Die Verwertung der Texte und Bilder, auch auszugsweise, ist ohne Zustimmung des Verlags urheberrechtswidrig und strafbar. Dies gilt auch für Vervielfältigungen, Übersetzungen, Mikroverfilmung und für die Verarbeitung mit elektronischen Systemen.

Umschlaggestaltung: Zembsch' Werkstatt, München
Gestaltung: Beate Müller-Behrens
Redaktion: Anja Schmidt, München/Elke Müller
Herstellung: Torsten Hellbusch
Titelbild: TLC, Velen Ramsdorf
Satz: FALKEN Verlag, Niedernhausen/Ts.
Druck: Media-Print Informationstechnologie, Paderborn

Die Ratschläge in diesem Buch sind von Autor und Verlag sorgfältig erwogen und geprüft, dennoch kann eine Garantie nicht übernommen werden. Eine Haftung des Autors bzw. des Verlags und seiner Beauftragten für Personen-, Sach- und Vermögensschäden ist ausgeschlossen.

817 2635 4453 62

Inhalt

Vorwort 9

Einleitung 11

Der Mensch – ein Lichtsäuger 15
Neue Kriterien für gesunde Nahrung 18
Enzyme im menschlichen Körper 19
Enzyme als Heilmittel 21
Sauer ist nicht lustig 22
Nährstoffe richtig kombinieren 25
Alte Säureschlacken auflösen 27
Powerkost für jeden Tag 29

Enzyme – die Regisseure im Körper 31
Enzyme als Biokatalysatoren 32
    Enzym-Blocker 34
    Enzym-Hemmer 34
Enzyme als Antennen 34
Die Verwandlung der Materie durch Enzyme 36
Enzyme verzögern das Altern 39
Gärung – das Geheimnis uralter Heilkunst 39

Sprudelnde Lebenskraft – die Wirkung
von Enzym-Getränken auf die Gesundheit 42
Viermal Enzym-Power 43
    Kwass 44
    Kombucha 45
    Kefir 46
    Super-Ohtaka 46
Weitere Inhaltsstoffe 47

Neue und alte Zaubertränke 49

Kombucha-Fertiggetränke 49

    Original Kombucha nach Dr. Sklenar® 51

    Fischer's Tsche 51

    Amrita® und Viva 53

    Dr. rer. nat. Meixner's Combucha®-Teekwass 53

    VitaPur® 54

    Natur Pur® Kombu'Cha 56

    Kombucha 57

    Individuelle Anfertigung von Kombucha-Fertiggetränken 58

    Chi® 58

    Kombucha-Tropfen 59

Kwass-Fertiggetränke 60

    Kanne-Brottrunk® und Brolacta® 61

    Heirler Molke-Kwass 62

    Weitere milchsaure Fertiggetränke 63

    Eden-Gemüsesäfte 63

Kefir-Fertiggetränke 64

Super-Ohtaka-Fertiggetränk 65

Die eigene Herstellung 67

Kombucha 67

    Was man alles braucht 67

    Das Grundrezept 68

    Die richtige Gärdauer 69

    Die Aufbewahrung des Getränks 71

    Einen neuen Pilz züchten 72

    Wie viel Kombucha täglich? 73

    Der Alkoholgehalt – ein Problem? 74

    Zucker oder Honig? 74

    Macht Kombucha dick? 76

    Der Zuckergehalt – ein Problem bei Diabetes und Candida? 76

    Welcher Tee ist der richtige? 78

Das Geheimnis des richtigen Wassers 79
Aufbewahrung des Pilzes 84
Pannenhilfe 85
Kombucha-Essig 87
Kwass, Brottrunk 88
Was man alles braucht 88
Das Grundrezept 88
Die richtige Gärdauer 90
Wie viel Kwass täglich? 90
Kefir 91
Was man alles braucht 91
Das Grundrezept 91
Die richtige Gärdauer 92
Einen neuen Pilz züchten 93
Wie viel Kefir täglich? 93
Aufbewahrung des Pilzes 94

Rezepte und Anwendung 96
Kräuter-Standardmischung für Kombucha 97
Innerliche Anwendung 98
Entschlackung und Entgiftung 98
Entschlackung nach der „Leisenkur" 99
Beschwerden von A bis Z 101
Äußerliche Anwendung 106
Kombucha 106
Kwass 108
Kräuterwahl nach Bachblüten 109
Förderliche Einflüsse des Mondes 114
Gäransätze zu den verschiedenen Mondphasen 116
Kräuterwahl nach Sternzeichen 117

Noch mehr Lichtenergie 120
Sonnenbaden und Vollspektrumlicht 120

Meditation und Energie-Körperübungen   121
Lebensgefühl   122

Bezugsquellen   125

Literatur   127

Register   129

Vorwort

Licht ist Leben und in uns strahlt im wahrsten Sinne des Wortes ein „Lebenslicht". Vor wenigen Jahren entdeckten Wissenschaftler: Wir empfangen nicht nur Leben spendendes Licht von der Sonne, sondern jede einzelne lebende Zelle sendet Licht aus – auch in unserem Körper ist das so. Mehr noch, Art und Menge des Lichts zeigen sogar an, ob wir gesund sind, ob unser Immunsystem angeschlagen oder eine einzelne Zelle bereits abgestorben ist. Es handelt sich hier um eine höchst spektakuläre Entdeckung, die kräftig an bisher gültigen Annahmen von Medizin und Biologie rüttelt.

Doch welche praktischen Konsequenzen können wir daraus ziehen? Wie können wir unser „inneres Licht" erhalten und stärken? Eine wichtige Rolle spielt dabei die Ernährung. Sie kann so umgestellt und ergänzt werden, dass sie in beträchtlich erhöhtem Maße das Lebenslicht in uns nährt und unseren gesamten Organismus vitalisiert. Eine zentrale Rolle spielen dabei Enzyme, die sich als wichtige Speicher, Sender und Empfänger von Licht entpuppt haben. Wie Sie selbst die Kraft der Enzyme besser nutzen können, dazu möchte dieses Buch praktische Anleitung geben.

Im ersten Teil erfahren Sie, dass das „Säugetier Mensch" vor allem ein „Lichtsäuger" ist. Sie erhalten viele Tipps, wie die tägliche Nahrung zu einem Heilmittel bzw. zu einem wirklichen „Lebens-Mittel" werden kann - Anregungen etwa zum Säure-Basen-Haushalt, zur Entschlackung und zur täglichen „Powerkost". Sie werden lesen, wie die Enzyme dabei wahre Wunderleistungen bis hin zur physikalisch „unmöglichen" Umwandlung von Materie vollbringen – vorausgesetzt, wir unterstützen sie ein wenig dabei.

Im zweiten Teil werden ganz besondere Lebensmittel, die so genannten Enzym-Gärgetränke, vorgestellt. Ihr hoher Gehalt an Licht speichernden, lebendigen Inhaltsstoffen machen sie zu einer Art inneren Lichtdusche für den Körper. Rund ein Dutzend derartiger „Zaubertränke" werden heute bereits als Fertiggetränke angeboten und nirgendwo ist die Auswahl so groß wie in Deutschland. Sie lernen deren Unterschiede in der Herstellung und ihre jeweiligen Besonderheiten kennen.

Die zweite Hälfte des Buches ist ganz der eigenen Herstellung solcher Enzym-Gärgetränke zu Hause gewidmet. Diese ist gar nicht so zeitaufwändig und schwierig, denn die Natur kennt sich damit bestens aus – wir müssen ihr nur ein bisschen helfen. Wie Sie die belebenden Lichtkräfte in einem Enzym-Getränk „einfangen" können, wird im dritten Buchteil Schritt für Schritt erläutert. Dabei können Sie zwischen drei grundsätzlich verschiedenen Arten wählen: den Kombucha-Getränken, dem Kwass-Trunk und dem Kefir. Kurze Praxis-Tipps zeigen, worauf es jeweils ankommt und wie Sie den „Power-Cocktail" auf Ihre Wünsche hin variieren können.

Sind diese Brauanleitungen gewissermaßen das Pflichtprogramm, bildet der letzte Teil mit vielen Rezepten und Anwendungsmöglichkeiten die Kür. So können Sie zum Beispiel durch die Zugabe von Heiltee und bestimmten Heilkräutern im Brauansatz dem „Zaubertrank" eine noch gezieltere Wirkung verleihen.

Zudem erfahren Sie im Laufe des Buches, wie Wasserqualität, Mond, Musik, Kristalle, so genannte Tachyonen und vieles andere die Aktivität der Enzyme beeinflussen und wie Sie sich dies für Ihren Enzym-Trank zu Nutze machen können.

Die Schlussworte des Buches sollen Sie dazu anregen, ihr „inneres Licht" auch durch andere Einflüsse zu stärken: Sonnenbäder, neuartiges Vollspektrumlicht, bestimmte Körperübungen, Meditation und Lebensgefühl können kleine Wunder bewirken.

Licht ist Leben. Jede Stärkung unseres Lebenslichts bedeutet einen Gewinn an Vitalität, Gesundheit und Lebensqualität.

Einleitung

„Eure Nahrungsmittel sollen eure Heilmittel sein und eure Heilmittel sollen eure Nahrungsmittel sein", mahnte der griechische Arzt Hippokrates (460–377 v. Chr.) bereits vor über 2 000 Jahren. Heute stellt zwar in der westlichen Welt eine ausreichende Versorgung mit Nahrungsmitteln kein Problem mehr da. Doch erfüllen sie auch die Forderung des Begründers der klassischen Medizin? Wie ist es um ihre Wirkung auf die Gesundheit bestellt?

Mediziner und Ernährungsfachleute schätzen, dass in Westeuropa mindestens jede dritte Erkrankung auf das Konto „moderner Fehlernährung" geht. Manche sehen in ihr sogar die zentrale Ursache für fast alle „Zivilisationskrankheiten" und chronischen Leiden, die mittlerweile im Westen 80 Prozent der Erkrankungen ausmachen. Irgendetwas scheint heute mit der industrialisierten Landwirtschaft und Nahrungsmittelerzeugung verloren zu gehen – etwas sehr Wichtiges, was den Speisen ursprünglich gesund erhaltende und sogar heilende Kräfte verlieh. Wissenschaftler sind jetzt dieser verlorenen Qualität auf die Spur gekommen. Ihre spektakulären Entdeckungen der letzten Jahre machen klar, dass der Wert eines Nahrungsmittels nicht nur in seinen stofflichen Eigenschaften und dem chemischen Aufbau zu suchen ist – also etwa darin, wie viel Kohlenhydrate, Fette, Eiweiße oder Vitamine eine Speise enthält. Entscheidender sind vielmehr Eigenschaften, die das Lebendige, Veränderliche und Dynamische der Nahrung ausmachen. Diese sind messbar als „freie Elektronenenergie" – die elektrochemischen Eigenschaften der Nahrung – und als Lichtwellen, die den elektromagnetischen Charakter eines Lebensmittels ausmachen.

Am Beispiel einer Raumbeleuchtung kann der große Unterschied zwischen diesen dynamischen Eigenschaften und der bisherigen Kennzeichnung von Speisen verdeutlicht werden. Wie jeder weiß, besteht ein Zimmerlicht aus Glühbirne mit bestimmter Wattzahl, Lampenschirm und Zuleitungsdrähten (vergleichbar der chemischen Zusammensetzung). Doch weiß man damit schon, wie hell die Beleuchtung wirklich ist? Erst die Stärke des elektrischen Stroms, der durch die Drähte fließt und die Einstellung des Dimmers, der den Stromfluss reguliert (vergleichbar den elektrochemischen und elektromagnetischen Eigenschaften), legen die tatsächliche Helligkeit fest. In der heutigen Ernährungskunde beschreibt man noch immer gewissermaßen die Beschaffenheit der Drähte, obwohl in der modernen Physik und Chemie längst mit weit subtileren Einflüssen durch einzelne Elektronen und schwache elektromagnetische Felder gearbeitet wird. Erst wenige Biologen und Biophysiker nehmen jetzt das Lebendige in unserer Nahrung unter die Lupe. Dabei rückt vor allem die Tätigkeit der Enzyme in den Blickpunkt der Forscher. Im menschlichen Körper erfüllen diese zentrale Funktionen:

Als so genannte Biokatalysatoren machen Enzyme eine chemische Reaktion im Körper überhaupt erst möglich. Es nützt nämlich überhaupt nichts, Eiweiß, Fett und Kohlenhydrate zu sich zu nehmen, wenn die entsprechenden Enzyme fehlen, um die darin gespeicherte Energie frei zu setzen. Dies ist auch der Grund, warum das wohl älteste Enzymmittel der Welt, die Sojasauce, entwickelt wurde. Seit Jahrtausenden ist in Asien bekannt, dass die durch Vergärung aus Soja, Gerste, Reis und Schlauchpilzen gewonnene Flüssigkeit die Verdauung von Fleischeiweiß erleichtert. Fehlen Enzyme im Körper, kann die Nahrung oder deren Abbauprodukte nicht weiterverarbeitet werden und die Zwischenprodukte „stauen" sich. Die Folge davon sind die unterschiedlichsten Stoffwechselstörungen und Zivilisationskrankheiten.

Nicht nur das Fehlen von Enzymen wirkt sich derart negativ auf unsere Gesundheit aus. Wenn wir „sauer" sind, können die vorhandenen Enzyme nicht richtig arbeiten, was die gleichen Folgen nach sich zieht. In der Enzymforschung wurde nämlich entdeckt, dass das Säure-Basen-Milieu (als Gesamtheit aller elektrochemischen Bedingungen) im Körper darüber entscheidet, ob die Enzyme ihre Arbeit richtig verrichten können. Eine bekannte Messgröße dafür ist der ph-Wert. Dieser gibt an, ob eine Flüssigkeit sauer oder basisch ist. Stimmt das Milieu im Körper nicht, werden Enzyme blockiert, der Stoffwechsel ist gestört und Krankheiten entstehen. Tatsächlich haben Therapeuten die weit verbreitete Übersäuerung der Menschen als tiefere Ursache vieler chronischer Erkrankungen erkannt.

Bis heute ist nicht einmal dieses Wissen und die Konsequenzen daraus für eine gesunde tägliche Kost ins allgemeine Bewusstsein vorgedrungen, da legen neue Erkenntnisse bereits noch weiter gehende Veränderungen in unserer Ernährung nahe. Biophysiker sind nämlich vor wenigen Jahren auf etwas gestoßen, das unsere Ernährung grundlegend verändern könnte und sollte: die Entdeckung der so genannten Biophotonen – ein Licht, das jede Zelle ausstrahlt und sogar manche so genannte Makromoleküle, zu denen die Enzyme gehören. Dieses „innere Licht" des Organismus wird als die übergeordnete Steuerung der Enzyme und Stoffwechselvorgänge angesehen. In Lebensmitteln machen diese Biophotonen den eigentlichen Nahrungswert aus – eine Erkenntnis, die, richtig angewendet, unsere tägliche Nahrung tatsächlich zu einem wahren Heilmittel machen kann. Nicht irgendwelche Biochemiker oder Lebensmitteltechniker können dies bewirken, sondern wir selbst – und dies sogar mit relativ geringem Aufwand. Das Geheimnis einer heilsamen Ernährung liegt in der Wahl der richtigen Nahrungsmittel und in der Nahrungsergänzung durch spezielle Enzym-Gärgetränke.

In diesem Wissen um die Herstellung und Wirkung der Enzym-Gärgetränke fließen neueste wissenschaftliche Erkenntnisse der Biophysik über Enzyme und „Biolicht" sowie Jahrtausende alte Erfahrungen in der Kunst der richtigen Gärung zusammen. Dieses Erfahrungswissen wurde in der Volksheilkunde und den symbolisch verschlüsselten Lehren der Alchemie (auch als Spagyrik bezeichnet) bewahrt.

Auf der Basis dieses neuen und alten Wissens können Sie nach den Anleitungen des Buches verschiedene Enzym-Gärgetränke herstellen, die eine Belebung des Immunsystems und eine Vitalisierung des gesamten Organismus bewirken können.

Auf die unterschiedlichsten Krankheiten kann durch den regelmäßigen Genuss von Enzym-Getränken ein lindernder oder sogar heilender Einfluss ausgeübt werden. Dies wurde bei Fertiggetränken dieser Art in zahlreichen wissenschaftlichen Studien mit zum Teil spektakulären Ergebnissen bewiesen. Trotz dieser Heilwirkungen sind die Enzym-Gärgetränke jedoch kein Medikament und schon gar kein Wundermittel, vielmehr sind sie nicht mehr und nicht weniger als ein hochwertiges Nahrungsmittel, ein wirkliches Lebens-Mittel.

Es ist Zeit, mehr Verantwortung für die eigene Gesundheit – sowohl in puncto Gesunderhaltung als auch bei der Heilung – zu übernehmen. Vermehren Sie die Zufuhr an Lichtenergie, an Enzymen, Biophotonen und freier Elektronenenergie und lassen Sie dadurch Ihr „inneres Licht" wieder erstrahlen.

Der Mensch – ein Lichtsäuger

„Primär sind wir nicht Kalorienfresser, auch nicht Fleischfresser oder Vegetarier, sondern Lichtsäuger." So fasst der Biophysiker Dr. Fritz-Albert Popp, weltweit renommierter Leiter eines biophysikalischen Instituts in Neuss, seine Forschungsergebnisse zur menschlichen Ernährung zusammen. Er konnte erstmals wissenschaftlich belegen, dass der Mensch in seiner täglichen Kost nicht nur Kalorien und Vitamine oder Eiweiß, Fett und Kohlenhydrate benötigt. Vielmehr nimmt unser Organismus mit den Lebensmitteln noch etwas viel Wichtigeres auf: Licht, so genannte Biophotonen (Photon = kleinste Energiemenge elektromagnetischer Strahlung, speziell des Lichts).

Dieses Licht strahlt, wie Dr. Popp in seinen Messungen zeigen konnte, jede lebende Zelle aus – ganz gleich ob bei Mensch, Tier, Pflanze oder Bakterie. Ja sogar schon „lebende" Makromoleküle – dies sind Zusammenballungen von tausend bis zu mehreren Millionen Atomen zu regelmäßigen spiralförmigen Ketten-, Falt- und Knäuelstrukturen – senden Licht aus. Zu diesen höchst erstaunlichen Molekülen gehören die DNS (die Desoxyribonukleinsäure, der stoffliche Träger der Erbinformationen in der Zelle), Hormone, Chlorophyll (das Blattgrün), Hämoglobin (der rote Blutfarbstoff) und Enzyme. In den Zellen sind sie die eigentlichen Speicher, Sender und Empfänger von Biophotonen – unseres „inneren Lichts".

Alles Leben auf unserer Erde strahlt dieses Licht aus. Nach bisherigen Messungen reicht das „Biolicht" von den ultravioletten bis hin zu den infraroten Wellen, also etwas weiter als der für das menschliche Auge sichtbare Bereich. Der Ausspruch „Licht ist Leben" kann also ganz wörtlich genommen werden. Zwar ist es sehr schwach und nur mit speziellen Verstärkern messbar, dafür ist es aber nicht diffus wie Kerzenlicht oder das Licht normaler elektrischer Lampen, sondern hat die Eigenschaften eines Laserstrahls. In seiner Ausrichtung und Bündelung der Lichtwellen, der so genannten Kohärenz, übertrifft das natürliche Biolicht sogar alle vom Menschen bisher konstruierten technischen Laser um das Zehnfache.

Dieses Licht ist der eigentliche „Regisseur" unseres gesamten Stoffwechsels: In jeder einzelnen Zelle laufen etwa 30 000 bis 100 000 chemische Reaktionen pro Sekunde (!) ab, im gesamten Körper sind das rund 1 000 000 000 000 000 000 (eine Trillion) Stoffwechselprozesse pro Sekunde! Wie aber wird diese gigantische Zahl an mitunter vielfach ineinander greifenden Abläufen gesteuert? Wie wird verhindert, dass in der „chemischen Küche" des Organismus das totale Chaos ausbricht? Allein Photonen sind dazu schon rein rechnerisch von der nötigen Schnelligkeit her in der Lage. Im Gegensatz zu einer stofflichen, biochemischen Steuerung benötigen sie nur eine milliardstel Sekunde, um eine chemische Reaktion auszulösen.

Das innere Licht hält das Leben in Gang. Ob eine Zelle gesund, krank oder sogar schon tot ist, kann mit Hilfe von Popps Messungen daran ersehen werden, wie gut sie Licht empfangen, speichern und abgeben kann. Auch bestimmte Aktivitäten sind dadurch erkennbar. Zum Beispiel strahlen Phagozyten, die als „Fresszellen" bekannte „Müllabfuhr" des Immunsystems, Biophotonen ganz bestimmter Wellenlängen (570–630 Nanometer) ab, wenn sie aktiv werden. Nach Annahme von Biophotonen-Forschern koordinieren sie so die Immunabwehr. Eine Verarmung an Photonen in der Zelle aber führt zu einer Verlangsamung des Stoffwechsels, womit sofort eine nachlassende Vitalität einhergeht. Da jede fünfte Zelle im Körper am menschlichen Immunsystem beteiligt ist, wird verständlich, dass ein allgemeiner Lichtmangel der Zellen sofort auch Auswirkungen auf die Abwehrkräfte hat. Für die Gesunderhaltung des Menschen ist es also wichtig, seinen inneren Lichtvorrat immer wieder aufzufüllen. Neben den Photonen, die der Körper über Augen und Haut aufnimmt, ist die Hauptquelle für Licht unsere Nahrung – genauer gesagt jene Lebensmittel, die ihrerseits viele Biophotonen enthalten.

Doch nicht nur die Menge des Lichts in der Nahrung ist entscheidend, es muss auch ein großes Wellenspektrum – gewissermaßen die gesamte Palette des Regenbogens – darin enthalten sein. Die verschiedenen „Farbwellen" stellen eine Art von Information für den Organismus dar. Nach Popp übertragen Nahrungsmittel „fehlende Schwingungen" auf den Organismus, die dieser für die Regulation benötigt und nutzt. Darin seien sie den Heilmitteln vergleichbar. „Nahrung ist sozusagen ein Geigenbogen, der den schwingenden Organismus wie die Saite einer Geige anzuregen vermag", so Popp.

Eine Bestätigung finden diese revolutionären biophysikalischen Erkenntnisse überraschenderweise zum Teil im langjährigen Erfahrungsschatz bedeutender, naturheilkundlich orientierter Ärzte und Ernährungstherapeuten, wie beispielsweise Maximilian Oskar Bircher-Benner (1867–1939), dem bekannten Verfechter der vegetarischen Kost, „Erfinder" des Müslis und Klinikleiter, oder bei Landwirtschaftsreformern wie Rudolf Steiner (1861–1925), dem Begründer der biologisch-dynamischen Landwirtschaft („Demeter") und der Anthroposophie. Bircher-Benner, Steiner und andere Ernährungsfachleute haben bereits vor Jahrzehnten darauf hingewiesen, dass das Licht in der Nahrung von größter Bedeutung ist und traten daher für eine „lebendige" Nahrung aus frischen Produkten ein. In ihren Beobachtungen hatten sie nämlich festgestellt, dass bestimmte Frischkost nach und nach bei vielen Kranken die Lebenskräfte zurückkehren und sie gesunden lässt. Bircher-Benner hatte daher eine wissenschaftliche Suche „nach der lebendigen Ordnung in der Nahrung" angemahnt: „Warum hat denn keiner der Forscher jemals daran gedacht, daß die Nahrung als Energie auch ein Ordnungsmaß, so etwas wie Temperatur oder Voltstärke, haben muß und dass dieses Etwas über das Wirken der Nahrung entscheidet?"

Zumindest theoretische Überlegungen dazu hatte Physiknobelpreisträger Erwin Schrödinger (1887–1961) angestellt. Für den Atom- und Quantenforscher war vom Standpunkt der modernen Wissenschaft aus klar, dass sich eine Zelle nicht allein aus den chemischen Bestandteilen der Nahrung am Leben erhalten kann. „Es geht vielmehr beim Ernährungsvorgang in erster Linie um etwas anderes, um die Zufuhr von energetischen Ordnungen aus der Umwelt." In Experimenten konnte man damals diese Ordnung und Leben erhaltenden Energien – das Licht der Biophotonen – aber noch nicht nachweisen. Und erst in den letzten Jahren wurde erkannt, dass dabei den pflanzlichen Enzymen als „Regisseuren" des Lichts eine zentrale Rolle zukommt.

Aus diesen Erkenntnissen ergeben sich neue Kriterien für das, was unsere Nahrung gesund und Leben erhaltend macht. Zudem werden zwei grundlegende Probleme unserer heutigen „modernen Fehlernährung" deutlich, die jedoch — wie im Folgenden dargestellt — durchaus von jedem Einzelnen gelöst werden können.

Neue Kriterien für gesunde Nahrung

Zwei grundlegende Fehler der heutigen Ernährung machen aus unserer Nahrung, „schwere", mitunter sogar krank machende Kost. Das erste Problem der heutigen Fehlernährung ist, dass vielfach ein dramatischer Mangel an lichtreicher, lebendiger Nahrung in der täglichen Kost besteht.

Entscheidend für die Menge an Licht (Biophotonen) in einem Nahrungsmittel sind:

◆ FRISCHE UND REIFE der Lebensmittel — durch Lagerung geht der Lichtgehalt zurück. Es gilt daher die alte Grundregel: Morgens geerntet, mittags gekauft, abends gegessen.

◆ DIE INTENSITÄT DER SONNENBESTRAHLUNG während des Wachstums bzw. der Entstehung. (Dies gilt auch für tierische Nahrung wie Popp in Untersuchungen an Eiern aus Freilandhaltung und Bodenhaltung in Ställen nachweisen konnte.)

◆ DIE ART DES ANBAUS bei Pflanzen oder der Fütterung und Haltung bei Tieren. Produkte aus biologischer Landwirtschaft enthalten in der Regel mehr Biophotonen und Spurenelemente, an denen heute ebenfalls ein eklatanter Mangel besteht.

◆ DIE ART DER ZUBEREITUNG — Erhitzen zerstört nach und nach Enzyme und andere Licht speichernde Nahrungsbestandteile.

◆ DIE WAHL BESTIMMTER NAHRUNGSMITTEL mit einer von Natur aus hohen Konzentration an „lebenden", meist spiralförmigen Makromolekülen, welche Biophotonen speichern können, wie Keimlinge, Sprossen, Knospen und Wurzelspitzen, Wildkräuter und Wildgemüse generell, Samen, Blütenpollen, Schalen etwa von Äpfeln, Kartoffeln und Getreide, Hefepilze und Bakterien (zum Beispiel Milchsäurebakterien).

Auch in tierischen Nahrungsmitteln können viele Biophotonen gespeichert sein, in erster Linie in Eidotter, Knochenmark, Gehirn, Innereien sowie Milch und Blut wild lebender Tiere. (Ein Konsum größerer Mengen ist heute jedoch bedenklich, Gründe hierfür sind der oftmals hohe Schadstoffgehalt etwa bei Innereien, die Allergie auslösende Wirkung bei Milch und die mögliche Übersäuerung, Milieu- und Enzymstörungen bei zu viel tierischem Eiweiß.)

◆ ENZYM-GETRÄNKE nehmen eine besondere Stellung unter den Lebensmitteln ein, da in ihnen die Konzentration der natürlichen „Biophotonen-Speicher" durch verschiedene Verfahren gesteigert wurde.

Enzym-Getränke enthalten große Mengen an „lebenden" Makromolekülen und anderen hochwertigen Lichtlieferanten: zum einen zahlreiche Hefen und sich positiv auf die Gesundheit auswirkende Bakterien, wie die Milchsäurebakterien, zum anderen verschiedene Enzyme, denen sie ihren Namen verdanken (sie werden manchmal auch Ferment-Getränke genannt – nach der alten Bezeichnung für Enzyme). Enzym-Getränke sind also eine „innere Lichtdusche" für den Körper und somit auch eine wertvolle Hilfe für das Immunsystem.

Enzyme im menschlichen Körper

Das Besondere der Enzyme ist nun nicht nur, dass sie exzellente Lichtlieferanten für den Organismus sind. Die bei Pflanze, Tier und Mensch identisch aufgebauten Enzyme sind zudem als so genannte „Biokatalysatoren" auch noch praktisch an allen Stoffwechselprozessen beteiligt. Wie Wissenschaftler im Laufe der letzten beiden Jahrzehnte erkannt haben, ermöglichen sie erst den reibungslosen Ablauf der mehr als 36 Millionen biochemischen Reaktionen im menschlichen Organismus.

Seit kurzem weiß man, wodurch diese wiederum gesteuert werden: durch das „innere" Licht der Biophotonen, durch „Lichtbotschaften", die von der DNS – dem Träger der genetischen Erbinformation und zugleich dem besten Laser, den der menschliche Organismus besitzt – an sie ausgestrahlt werden. Die Enzyme dienen der DNS als eine Art Sende- und Empfangsstation für den Stoffwechsel steuernde Lichtsignale. So kann die DNS die Enzyme auch pünktlich dorthin dirigieren, wo sie gerade gebraucht werden. Bevor sich nämlich irgendein Atom oder Molekül mit einem anderen verbinden kann und daraus dann nach und nach eine neue Zelle in Haut, Magen oder einem Muskel entstehen kann, müssen erst die äußeren Elektronen dieses Atoms oder Moleküls durch Energiezufuhr aktiviert werden. An diesen Vorgängen sind die Enzyme als „Umschlagplatz" für Biophotonen maßgeblich beteiligt. Sogar der oberste Koordinator dabei, die DNS, bedarf der ständigen Lichtaufladung über Enzyme und andere Nahrungsbestandteile, um unablässig ihre steuernden Lasersignale aussenden zu können. Fehlen nur einige der Enzyme, gerät das ganze komplexe Zusammenspiel durcheinander. Zwar können Enzyme prinzipiell vom Körper selbst hergestellt werden (wenn die nötigen Bausteine dafür in der Nahrung enthalten sind, Näheres dazu im Kapitel „Enzyme, die Regisseure im Körper"), aber diese Fähigkeit nimmt im Allgemeinen durch verschiedene Ursachen im Laufe des Lebens ab. Die Verringerung des Enzymgehalts im Körper wird von der Medizin heute sogar als eines der typischen Merkmale des Alterungsprozesses angesehen.

Noch bis vor kurzem galt in der Schulmedizin, dass Enzyme nicht über die Nahrung aufgenommen werden können, da die aus über tausend Atomen zusammengesetzten Makromoleküle zu groß seien, um die Barriere der Darmwände zu überwinden. Professor Seifert von der chirurgischen Universitätsklinik in Kiel und nach ihm mittlerweile auch etliche andere Wissenschaftler konnten zeigen, dass diese Lehrmeinung schlichtweg falsch ist. Mehr noch, manche dieser großen Makromoleküle werden sogar besser aufgenommen als etliche weit kleinere. In der Medizin zog man daraus bereits Konsequenzen und führte die „Enzymtherapie" ein. Diese ist, ähnlich wie die Genforschung, binnen kurzem zumindest in der pharmazeutischen Forschung ein großer Wachstumsbereich geworden.

Wir müssen jedoch keine neuen Medikamente schlucken, um unserem Körper mehr Enzyme zuzuführen. In hochwertiger Nahrung sind sie ausreichend enthalten.

Enzyme als Heilmittel

Ist die Zufuhr von Enzymen über die tägliche Kost groß genug — und dazu reichen in der Regel schon kleine, aber regelmäßig eingenommene zusätzliche Mengen —, so stellen sich, wie medizinische Studien zur Anwendung von Enzympräparaten belegen, verblüffende Erfolge ein:

◆ Die körperliche und geistige Belastbarkeit erhöht sich und Verletzungen heilen schneller (für Leistungssportler ist diese Form natürlichen „Dopings" übrigens kein Geheimnis mehr).
◆ Muskelschmerzen, Gelenk- und Sehnenentzündungen verschwinden.
◆ Die Verdauung wird verbessert.
◆ Chronische Entzündungen heilen (oft nach einer kurzen Erstverschlimmerung).
◆ Die Durchblutung wird gefördert und damit können beispielsweise Kopfschmerzen, Migräne und dauernde Müdigkeit verschwinden.
◆ Auch schwere Erkrankungen wie Rheuma, Multiple Sklerose und Krebs können gelindert werden.
◆ Das Immunsystem wird allgemein gestärkt.
◆ Der gesamte Stoffwechsel wird harmonisiert.

Eine einfache, natürliche Möglichkeit, diese zusätzlichen Enzymmengen als Stärkung für die Abwehrkräfte zu sich zu nehmen, sind neuartige und altbewährte natürliche Enzym-Getränke. Sie enthalten eine Vielzahl unterschiedlicher Enzyme sowie — je nach Art der Herstellung — noch zahlreiche andere für den Stoffwechsel wichtige, Mangelzustände ausgleichende und heilsame Inhaltsstoffe.

Einen kleinen Haken hat aber diese Zufuhr an zusätzlichem Licht in Form von Enzymen: Wie viel von ihnen tatsächlich vom Körper aufgenommen wird, hängt von der Art der übrigen täglichen Nahrung, von einem gesunden Darmmilieu und dem so genannten Säure-Basen-Haushalt (siehe Seite 22 f.) ab.

Die gute Nachricht dabei ist: Beides kann durch richtige Ernährung positiv beeinflusst werden. Falsche Ernährung mit Enzym-Getränken ist zwar besser als ohne, wenn aber die Gesundheit insgesamt ein besseres Fundament erhalten soll, muss auch der täglichen Nahrungsaufnahme mehr Aufmerksamkeit gewidmet werden. Einfache Grundregeln hierfür bietet eine Ernährung, die das Säure-Basen-Verhältnis der Speisen beachtet. Manche Nahrungsmittel führen bekanntlich im Körper zur Bildung von Säuren, andere hingegen zur Entstehung von Basen. Beide neutralisieren sich gegenseitig. Die Enzyme aber können erst dann richtig aktiv werden — wenn nämlich das Verhältnis von Säuren und Basen ausgewogen ist, wenn das Milieu (ablesbar am pH-Wert im Urin) stimmt.

Sauer ist nicht lustig

Das zweite Problem der heute verbreiteten Fehlernährung ist, dass wir überwiegend solche Speisen zu uns nehmen, die im Körper zur Bildung von Säuren führen (dies hat nichts damit zu tun, ob die Speisen sauer schmecken oder nicht):

Die heutige Kost in den westlichen Ländern besteht durchschnittlich zu 70 Prozent aus Fleisch, Milchprodukten, Fisch, Zucker, Weißmehl und anderen Nahrungsmitteln, die im Körper zur Bildung von Säuren führen. Nur etwa 30 Prozent der „modernen" Ernährung bilden frisches Obst, Gemüse, Salate, Kräuter und Keimlinge, die im Körper Basen, die Gegenspieler der Säuren bilden. In einer gesunden Ernährung sollte dieses Verhältnis aber gerade umgekehrt sein: das heißt nur etwa 30 Prozent säure- und 70 Prozent basenbildende Nahrungsmittel.

- ◆ SÄUREBILDENDE NAHRUNGSMITTEL sind solche, die viel Schwefel, Phosphor, Chlor und Jod enthalten. Diese Mineralien werden im Körper in Säuren umgewandelt. Am stärksten säurebildend ist Eiweiß, das am konzentriertesten in Fleisch, Milchprodukten und Fisch vorkommt.
- ◆ BASENBILDENDE NAHRUNGSMITTEL enthalten viel Kalzium, Magnesium, Kalium, Natrium und Eisen und bilden Mineralsalze, die die Säuren neutralisieren. Gemüse und reifes Obst sind die stärksten Basenbildner.

GRAD DER BASISCHEN (+) BZW. SAUREN (−) WIRKUNG VON LEBENSMITTELN.

Aal	−7	Heringe	−17
Äpfel	−1 … +3	Hirse	−2
Aprikosen, getr.	+42	Honig	+1 … +14
Bananen	+5 … +8	Hühnerfleisch	-24
Beerenfrüchte	+1 … +9	Kalbfleisch	−28
Birnen	+3	Karotten	+4 … +10
Blumenkohl, gek.	+2 … +5	Kartoffeln	+7
Bohnen, grün	+4	Kefir	+2
Bohnen, weiß	+12	Kichererbsen	+49
Brunnenkresse	+5	Kirschen	+2 … +6
Bucheckern	−60	Knäckebrot	−7
Butter	−4	Kohlrabi	+6
Corn Flakes	−4	Kopfsalat	+5 … +7
Datteln	+6 … +10	Linsen, gek.	−18
Edamerköse	−6	Mais	−5
Eier	−16	Mandarinen	+20
Endivien	+5	Mandeln	−2
Entenfleisch	−22	Margarine	−7
Erbsen, gek.	−1	Melone	+2 … +7
Erdnüsse	−12 … −17	Milch	+3 … +5
Feigen, getr.	+28 … +36	Orangen	+6 … +8
Forelle	−7	Paprika, grün	+2
Gänsefleisch	−13	Pfifferlinge	+5
Graham-, Schrotbrot	−6	Pflaumen	+5
Gerste, gek.	−6	Pommes frites	+13
Greyerzerkäse	+3	Quark	−17
Grünkohl	−4 … +0,1	Rindfleisch	−17 … −25
Gurke	+3 … +8	Roggenbrot	−6
Haferflocken	−13	Rosenkohl	−13
Haselnüsse	−2	Rosinen	+15
Hasenfleisch	−20	Rotkraut	+2

Sahne	+3		Weintrauben	+6
Sauerkraut	+5		Weißkraut	+4
Schaffleisch	−14		Weizenweißbrot	−11
Schikoree	+7		Wirsing	+3
Schinken, fett	−16		Wurst	−3 ... −10
Schokolade, bitter	−7		Zitronensaft	+4
Schweinefleisch	−19		Zwetschgen, getr.	+20
Spaghetti	−8		Zwieback	−10
Spargel	+1 ... −10		Zwiebeln	+0,5
Tomaten, roh	+6			

(Die Aufstellung soll nur Anhaltspunkte bieten. Es wäre nicht sinnvoll, seine Ernährung gänzlich danach auszuwählen. Quelle: Dr. Beck/Oetinger-Papendorf „Lehrbuch – Durch Entsäuerung zu seelischer und körperlicher Gesundheit")

Die Folgen unserer Fehlernährung für die Gesundheit sind dramatisch: Immer mehr Fachleute sind davon überzeugt, dass die Ursache für die meisten Zivilisationskrankheiten – wie Allergien, Antriebsschwäche und Depressionen, Arterienverkalkung (Arteriosklerose), hoher Blutdruck, Diabetes, Gicht, Lebererkrankungen, Gallen-, Nieren-, Blasensteine, Immunschwäche, Rheuma und Verdauungskrankheiten – letztlich in einer Übersäuerung und der damit verbundenen Stoffwechselstörung zu suchen sind. Als „Übersäuerung" bezeichnet man die dauerhafte Verschiebung des Verhältnisses von Säuren und Basen im Körper, wodurch alle biochemischen Reaktionen beeinflusst werden. Im Idealfall ist das Säure-Basen-Verhältnis im Körper ausgeglichen, also weder sauer noch basisch. Misst man mit einem Indikatorpapier (in Apotheken erhältlich) den pH-Wert des Urins, entspricht dies einem Wert von 7. Liegt der pH-Wert unter 7, überwiegen die sauren Urinbestandteile. Bei einem pH-Wert über 7 überwiegen die basischen Anteile. Liegt der ph-Wert über einen längeren Zeitraum hinweg unter 6, ist die Verschiebung krankhaft geworden. Saure Stoffwechselrückstände lagern sich im Gewebe ab, die Beweglichkeit der roten Blutkörperchen geht zurück, was zu einer geringeren Sauerstoffzufuhr und sogar zu einer Blockade von Gefäßen führen kann.

Viele dieser Säureschlacken werden im Bindegewebe abgelagert. Das Bindegewebe durchzieht den gesamten Körper und stellt eine Art „Umladebahnhof" dar für alles, was zum Beispiel in die verschiedenen Organzellen hinein- oder aus ihnen heraustransportiert werden soll. Zusätzlich zu diesen Schlacken werden noch weitere saure Stoffwechselprodukte, die durch Sauerstoffmangel im Gewebe (der hauptsächlich auf zu wenig Bewegung zurückzuführen ist) entstehen, abgelagert. Dadurch verkommt der wichtige Umladebahnhof zur „Müllhalde". Der gesamte Transport von Nährstoffen und Licht in andere Zellen und von Stoffwechselresten aus den Zellen wird empfindlich gestört.

Darüber hinaus reizen die eingelagerten Säurekristalle die sensiblen Nervenfasern, die bis ins Bindegewebe reichen. Man spürt dies als „Tennisarm", „Hexenschuss" oder Gichtanfall. Sind Beine und Arme betroffen, nennt man es Muskelrheuma und beim Herzmuskel Angina pectoris.

Nährstoffe richtig kombinieren

Eine weitere Ursache für Eigenvergiftung und inneren Lichtmangel ist die unpassende Kombinationen von Nahrungsmitteln. Derjenige Nährstoff nämlich, der in einem Lebensmittel oder einer Mahlzeit vorherrscht, bestimmt den Säuregrad der Verdauung und damit auch, welche Verdauungsenzyme optimal arbeiten können. So herrscht beispielsweise bei Fleisch, Fisch und Käse das Eiweiß vor (Ausnahme: fettreiche Sorten), bei Eigelb, Butter, Avocado und Olive das Fett, bei Kartoffeln, Reis und Getreide die Stärke, bei Honig, Bananen und anderem Obst der Zucker und bei Zitrone, Tomate, Cola, Jogurt und milchsaurem Gemüse die Säure.

Manche Kombinationen wie die von eiweiß- und stärkereicher Nahrung in einer Mahlzeit (zum Beispiel Brot mit Käse, Fleisch mit Kartoffeln, Bratwurst mit Pommes) blockieren einander – dies ist der Grund, warum in der so genannten Trennkost nach Dr. Howard Hay (1866–1940) solche Zusammenstellungen unbedingt vermieden werden sollen. Sie sind die am häufigsten vorkommenden Fehlkombinationen. Es gibt aber noch weitere, die schlecht verdaulich sind. Die zweithäufigste ungünstige Verbindung ist die von Zucker und Stärke (zum Beispiel Brot mit Marmelade oder Nussnougatcreme, Rosinenbrot, Kuchen und süßes Gebäck im Allgemeinen). Auch sie sollte man weitgehend vermeiden.

Gute Kombinationen hingegen sind Zucker mit Säure (etwa Jogurt mit Honig, süßes mit saurem Obst), Fett mit Säure (Käse mit Tomate, fettreicher Fisch mit Zitronensaft, Salatsoßen mit Öl und Weinessig) und Fett mit Stärke (Brot mit Butter oder Avocado, Spagetti mit Butter- oder Ölsoße und Kartoffeln mit Öl oder Butter, auch als Pommes frites).

Die Gefahr schlechter Nährstoff-Kombinationen besteht darin, dass die mangelhaft verdauten Speisereste zu faulen oder zu gären beginnen (Faulgase sind als „schlechter Atem" wahrnehmbar).

Eine gute Lebensmittelkombination hingegen ist nichts anderes „als eine gesunde Art und Weise, unsere enzymatischen Grenzen zu beachten", wusste bereits der bekannte amerikanische Ernährungspionier Dr. Herbert M. Shelton (1888–1987). Es gibt aber auch Helfer für schwer Verdauliches: die Gewürze. Daher gehört zur richtigen Kombination von Nahrungsmitteln auch das richtige Würzen. In jahrhundertelanger Erfahrung haben sich jeweils bestimmte Gewürze als besonders passend herausgestellt — etwa Bohnenkraut zu Bohnen und anderen Hülsenfrüchten oder Kümmel zu Kohl. Heute weiß man, warum diese Kombinationen so günstig sind: Die Gewürze enthalten meist genau die passenden Verdauungsenzyme für die entsprechenden Nahrungsmittel.

Zur richtigen Lebensmittelkombination kann schließlich noch die Wahl von Speisen der jeweiligen Saison gerechnet werden. Heute gibt es in unseren Supermärkten fast alle Gemüse- und Obstsorten das gesamte Jahr über. Sicherlich haben Sie aber selbst schon erlebt, dass Sie manches Gemüse im Sommer und einige Obstsorten im Winter nicht vertragen oder einfach keinen Appetit darauf haben. Das ist auch gut so, denn mit dem saisonalen Wechsel der heimischen Speisen erhalten wir auch genau jene Enzyme, die wir in der jeweiligen Jahreszeit und dem dazugehörigen Klima vermehrt benötigen.

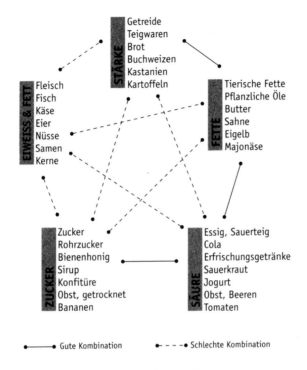

STÄRKE
Getreide
Teigwaren
Brot
Buchweizen
Kastanien
Kartoffeln

EIWEISS & FETT
Fleisch
Fisch
Käse
Eier
Nüsse
Samen
Kerne

FETTE
Tierische Fette
Pflanzliche Öle
Butter
Sahne
Eigelb
Majonäse

ZUCKER
Zucker
Rohrzucker
Bienenhonig
Sirup
Konfitüre
Obst, getrocknet
Bananen

SÄURE
Essig, Sauerteig
Cola
Erfrischungsgetränke
Sauerkraut
Jogurt
Obst, Beeren
Tomaten

●———● Gute Kombination   ●– – –● Schlechte Kombination

(Quelle: Dries, „Lebensmittel richtig kombinieren")

Alte Säureschlacken auflösen

Fäulnis und Gärung sowie alte Einlagerungen von Säurekristallen in Bindegewebe und Gelenken können jedoch wieder beseitigt werden. Eine altbewährte Methode hierfür ist das Fasten. Nach Meinung einiger Enzymfor-
scher ist der Grund hierfür sehr einfach: da weniger Enzym- und Biopho-
tonenenergie für die Verdauung benötigt wird, steht mehr für andere
körperliche Prozesse zur Verfügung – für die Entgiftung und Entschlackung, die Verdauung übermäßigen Fettgewebes und allgemein zur
„Reparatur" und zum Wiederaufbau. Diesen Effekt erleben wir auch schon
bei einer Erkrankung: Sind wir durch Beeinträchtigungen der Gesundheit

geschwächt, haben wir häufig weniger Appetit und sind müde, da die Enzyme und ihre Lichtenergie für die Bekämpfung der Krankheit sowie die Regeneration benötigt werden. Der Organismus arbeitet dabei mit einem zusätzlichen Trick – er bekommt Fieber und durch die erhöhte Körpertemperatur wird auch die Aktivität der Enzyme beträchtlich gesteigert.

Fasten ist jedoch nicht jedermanns Sache und eine Fastenzeit kann auch nicht ewig ausgedehnt werden. Mit Hilfe des bekannten „Früchte-Fastens", bei dem man nur Obst isst, kann jedoch ein vergleichbarer Effekt erzielt werden. Obst enthält nämlich viele verschiedene Enzyme (und ist in reifem Zustand ein sehr guter Basenbildner). Das Früchte-Fasten kann auf mehrere Wochen ausgedehnt werden, jedoch ist auch diese Ernährung keine für jeden verträgliche Dauerkost.

Der beste Weg, um nicht nur bei solchen Fasten-Kuren, sondern tagtäglich hohe Enzymmengen für Entschlackung und Heilung zur Verfügung zu haben, besteht aus mehreren Schritten:

◆ die gezielte Aufnahme von mehr Enzymen durch den Genuss von Enzym-Getränken,

◆ gleichzeitig eine Ernährung mit basenreicher Kost,

◆ die zudem möglichst viel „lichtvolle" Nahrung mit vielen weiteren „lebenden" Makromolekülen enthält

◆ und dies in einer gut verdaulichen Nährstoffkombination.

In den ersten Wochen der langsamen Umstellung auf eine solche Ernährung kann es durch den Abbau alter Säureschlacken zu so genannten „Reinigungsreaktionen" oder „Heilungskrisen" kommen, Befindlichkeitsstörungen und Krankheitssymptome können also für eine kurze Zeit stärker werden. Um dies weitgehend zu vermeiden, kann man dem Körper zusätzliche Basenmineralien zur Neutralisierung der Säuren zur Verfügung stellen. Seit alters her bewährt sind Natron (Natriumbicarbonat) und hochwertige Heilerde, zum Beispiel das besonders wirksame „Aion A" aus Würenlos, Schweiz. Davon nehmen Sie einen gehäuften Teelöffel auf ein Glas Wasser abends vor dem Schlafengehen und trinken ein zweites Glas pures Wasser nach. Die Einnahme über mehrere Wochen oder Monate hinweg ist völlig unschädlich. Eine Kontrolle des Urin-ph-Wertes zeigt die jeweils nötige Menge, um im neutralen oder leicht basischen Bereich zu bleiben (ph-Wert 7 bis 7,4). Die Frage nach einer gesundheitlich verträglichen Einnahmedauer beantwortet Dr. Johann Abele, bekannter Arzt für Naturheilkunde, Ernährungsspezialist, Leiter des Sanatoriums für biologische Heilweise in Schwäbisch Gmünd und Vorsitzender des Deutschen Naturheilverbandes, kurz und klar: „Ein Leben lang".

Powerkost für jeden Tag

Auf Basis der bisher dargestellten Erkenntnisse gelangt man zusammenfassend zu einigen zentralen Ernährungsregeln, deren Befolgung den gesamten Organismus nachhaltig vitalisieren und sogar heilen kann:

◆ Nehmen Sie frisches Gemüse, Salate und reifes Obst der Saison entsprechend sowie Sprossen und Keimlinge zu sich. Gemeinsam sollten diese etwa 70 Prozent der täglichen Nahrung ausmachen. Dabei sollte der roh genossene Anteil bei etwa 50 Prozent liegen – im Sommer mehr, im Winter etwas weniger. Andere Nahrungsmittel wie Vollkornprodukte, Fette, Milchprodukte und Fleisch sollten gemeinsam nur die restlichen 30 Prozent ausmachen.

◆ Würzen Sie Ihre Gerichte mit jenen Gewürzen (möglichst frische), die auch in der traditionellen Küche üblich waren – also etwa Bohnenkraut zu Bohnen, Kümmel an Kohlgerichte usw.

◆ Essen Sie geringe Mengen an Schafs- und Ziegenkäse, eventuell auch Fleisch von Tieren aus kontrolliert-biologischer Tierhaltung statt großer Portionen von Schweine- und Rindfleisch. Den Konsum von Kuhmilchprodukten und Fisch sollten Sie stark reduzieren.

◆ Verwenden Sie Honig, getrocknete Früchte und Vollkornprodukte; verzichten Sie möglichst ganz auf Fabrikzucker und Weißmehlprodukte.

◆ Kaufen Sie Lebensmittel aus kontrolliert-biologischem Anbau.

◆ Den Konsum von schädlichen Genussmitteln wie Kaffee, Schwarztee, Alkohol und Nikotin sollten Sie stark reduzieren oder wenn möglich ganz darauf verzichten.

♦ Gleichen Sie, wenn nötig, in einer Übergangszeit Ihr Säure-Basen-Verhältnis mit zusätzlichen Basenmineralien aus. Die alten, eingelagerten Säureschlacken, die jetzt gelöst werden, müssen neutralisiert werden. Der ph-Wert des Urins, ablesbar mit Hilfe von ph-Indikatorstreifen, gibt Ihnen Auskunft darüber, ob die Mineralienzufuhr nötig ist. So können unangenehme „Heilkrisen" vermieden werden. Die Einnahme auch über Monate oder sogar Jahre hinweg ist völlig unbedenklich und wird von Spezialisten in Sachen Ernährungstherapie und Entsäuerung empfohlen.

♦ Genießen sie Enzym-Getränke (zwei- bis dreimal täglich, Menge je nach Art des Getränks).

Setzen Sie sich jedoch nicht unter „Gesundheitsstress", sondern stellen Sie Ihre Ernährung langsam, Schritt für Schritt um. Das Gefühl, sich dabei zu sehr zu zwingen und zu kasteien sollten Sie vermeiden. Bei „sauren" Gefühlen kann nämlich auch der Körper — durch die entstehenden Stresssäuren — sauer werden.

Die Tendenz in Ihrer Ernährungsumstellung sollte jedoch klar sein: Hin zu einer lebendigen, licht- und enzymreichen Vitalkost.

Enzyme – die Regisseure im Körper

Bis heute ist die bereits 1790 von dem Chemiker Antoine Lavoisier (1743–1794) entwickelte Auffassung allgemein verbreitet, dass der Mensch eine große chemische Küche, eine Art Verbrennungsofen sei, dem die Kalorien eines Nahrungsmittels als Brennstoff dienen. Danach muss man nur die benötigte Kalorienzahl rechnerisch ermitteln und Nahrungsmittel wählen, die die entsprechende Menge enthalten.

Zwar wurde dieses Modell des menschlichen Stoffwechsels seitdem wesentlich verfeinert und man weiß heute, dass für eine gesunde Ernährung nicht nur Eiweiße, Kohlenhydrate und Fette, sondern auch Vitamine, Mineralstoffe, Enzyme und andere Stoffe im Nahrungsgemisch enthalten sein müssen. Ebenso setzt sich langsam die Einsicht durch, dass bestimmte Nahrungsmittel wie weißer Zucker und Weißmehle „tote Kalorien" sind und dem Organismus eher schaden als nützen.

Erst jetzt aber geschieht mit der Entdeckung der Biophotonen, dem Licht in unseren Zellen und den mittlerweile weltweit an zahlreichen Instituten dazu durchgeführten Untersuchungen ein grundlegender Wandel in der Vorstellung von der Funktionsweise des Stoffwechsels: weg vom Modell des bloßen Verbrennungsofens für Kalorien, hin zu einer Auffassung, nach der der menschliche Organismus ein hochkomplexes Gebilde verschiedener elektromagnetischer Schwingungen ist, eine Art Empfänger und Sender vor allem von Lichtwellen. Gerade an den Enzymen und ihrer Rolle im Körper wird dieses veränderte Verständnis deutlich, wie das folgende Kapitel zeigen wird.

Enzyme als Biokatalysatoren

Ein Enzym besteht aus einer Kette von aneinander gereihten Aminosäuren, also Eiweißen, die zu einem „Knäuel" zusammengewunden sind. Seit einiger Zeit ist bekannt, dass der Stoffwechsel des menschlichen Körpers ohne die Mitarbeit dieser Enzym-„Knäuel" nicht denkbar ist. So sind etwa die Enzyme für eine gute Verdauung ebenso zuständig wie für die Entsorgung von Giften. Als so genannte Biokatalysatoren machen sie den reibungslosen Ablauf der mehr als 36 Millionen biochemischen Reaktionen im menschlichen Körper überhaupt erst möglich. Sind sie nicht oder nicht in ausreichender Menge vorhanden, kann es zu schweren Gesundheitsstörungen kommen.

Wie wichtig derartige chemische Katalysatoren sind, dafür gab der Chemie- und Friedensnobelpreisträger Linus Carl Pauling (1901–1994), Entdecker unter anderem des Spiral-Modells (Helix) der Proteine und Mitbegründer der Quantenchemie, ein berühmt gewordenes Beispiel: Versucht man ein Stück Würfelzucker anzubrennen, so wird sich nicht viel tun. Vermischt man den Zucker jedoch mit einer Prise Asche, brennt er lichterloh.

Ähnlich wie die Asche beim Zucker wirken die Enzyme im menschlichen Stoffwechsel. Es gibt Langsamarbeiter wie das Lysozym, das „nur" 30 Moleküle pro Minute umbaut und andere wie die Carboanhydrase, die in einem dauernden „Schaffensrausch" fantastische 36 Millionen Moleküle pro Minute verändert. Die genaue Zahl der Enzyme, die wir für den reibungslosen Ablauf unseres Stoffwechsels benötigen, ist immer noch unbekannt. Rund 2 700 wurden bisher identifiziert, ihre tatsächliche Zahl wird auf 75 000 bis 100 000 geschätzt.

Bei ihrer Arbeit als Stoffwechsel-„Steuermänner" stehen den Enzymen hilfreiche „Navigatoren" – so genannte „Co-Enzyme" – zur Seite. Diese werden vom Organismus aus Vitaminen, Mineralien und Spurenelementen zusammengebaut. Unter den Vitaminen sind dies vor allem jene der B-Gruppe sowie Vitamin C, bei den Metallen und Halbmetallen zählen beispielsweise Kupfer, Eisen, Nickel, Mangan und Selen dazu, bei den Mineralien Magnesium, Natrium und Kalium sowie zum Beispiel das Spurenelement Zink. So ist allein das Zink als Bestandteil mancher Co-Enzyme für das Funktionieren von rund 80 verschiedenen Enzymen erforderlich.

Die Co-Enzyme werden bei der Enzymtätigkeit verbraucht und müssen über die Nahrung ersetzt werden. Dies wird jedoch mit unserer normalen Mischkost immer schwieriger, da durch übersäuerte Böden, manche Verfahren der industrialisierten Landwirtschaft sowie mangelhafte Nahrungszubereitung der Gehalt an Spurenelementen und damit an Co-Enzym-Bausteinen in den Speisen sinkt. Gemessen am medizinisch festgelegten Tagesbedarf eines Erwachsenen nehmen wir Untersuchungen zufolge heute unter anderem viel zu wenig Zink (nur 5 statt der nötigen 15 mg), Selen (13 statt 200 µg), Mangan (1 statt 5 µg) und Kupfer (0,8 statt 4,5 mg) auf. Mit der hier empfohlenen „Powerkost" (siehe S. 29/30) tritt eine derart gravierende Unterversorgung sicherlich nicht auf.

Die Enzyme im menschlichen Körper werden zwar nicht wie die Co-Enzyme verbraucht, jedoch sind auch sie nicht „unsterblich". Sie „altern", das heißt sie arbeiten mit der Zeit immer ungenauer und müssen schließlich ersetzt werden – manche bereits nach 20 Minuten andere erst nach mehreren Wochen.

Allgemein bekannt sind beispielsweise das Enzym Pepsin, das im Magen für die Eiweißaufspaltung sorgt oder die Amylasen, die Kohlenhydrate abbauen. Die berühmtesten Co-Enzyme sind wohl „Q 10" (genau: „Ubichinon Q 10"), das für die Tätigkeit des Herzmuskels von zentraler Bedeutung ist und das Co-Enzym A sowie eine Verbindung daraus, das Acetyl-Colin-A, auch „aktivierte Essigsäure" genannt, denen im Stoffwechsel (Zitronensäurezyklus) eine große Bedeutung zukommt.

Es gibt aber auch Stoffe, die die Tätigkeit der Enzyme hemmen oder völlig blockieren können (siehe Tabelle S. 34). Schlangengifte, das Rattengift Kumin und viele Arzneimittel wirken auf diese Weise. So blockiert das allseits bekannte „Aspirin" ein Enzym, das an der Blutgerinnung und Bekämpfung von Entzündungen beteiligt ist. Die Folge davon ist, dass das Blut dünnflüssiger bleibt, die Entzündung gehemmt wird und dadurch weniger schmerzhaft ist. (Freilich wird so die nötige Enzymarbeit an der Entzündung nur aufgeschoben.)

Enzym-Blocker

Umweltgifte	Medikamente	Genussmittel
Aluminium	Antibiotika	Alkohol
Blei	Cortison	Kaffee
Cadmium	Narkosemittel	Nikotin
Quecksilber	Schlafmittel	
verschiedene Spritz-		
mittel zur Schäd-		
lingsbekämpfung		
und Unkrautver-		
nichtung		

Enzym-Hemmer

Nahrungsmittel	Nahrungszusätze
weißer Zucker, Bonbons, Schokolade	die meisten künstlichen Stabilisatoren,
Limonaden und Cola-Getränke	Konservierungsmittel,
Weißmehl und daraus hergestellte Nahrungsmittel	Emulgatoren und Farbstoffe
viele Konserven und Wurstwaren	
Milchprodukte mit nebenstehenden Nahrungszusätzen	

Enzyme als Antennen

Mit den Erkenntnissen darüber, was die Enzyme in unserem Körper alles bewirken, wuchs bei den Wissenschaftlern auch die Einsicht, dass es einer steuernden Instanz bedarf, die Millionen von Enzymen dazu bewegt, innerhalb winzigster Bruchteile einer Sekunde koordiniert miteinander zu arbeiten – einer Steuerung, die jedem einzelnen Enzym signalisiert, wann und wo es sich einzufinden hat, um dort eine gerade notwendige Reaktion zu katalysieren. Denn erst mit dieser „intelligenten" Leitung wird aus einem Haufen Moleküle und einem chaotischen Reaktionsgemisch der effiziente Organismus, der unser Körper ist. Die Entdeckung der Biophotonen brachte jetzt im wahrsten Sinne des Wortes Licht in das Dunkel dieser Abläufe:

Schon früher hatten Wissenschaftler festgestellt, dass die zusammengekringelte Enzym-Eiweißkette eine Art Höhle bildet, in der sich das eigentliche, aktive Zentrum des Enzyms befindet. Von diesem Zentrum werden die zu bearbeitenden Stoffe wie magisch angezogen. Die Biophotonenforschung konnte nun zeigen, was eigentlich in diesen Hohlräumen passiert: sie sind kleine Sende- und Empfangsstationen für Biophotonen.

Bei der Erforschung der DNS, die mit ihrer mehrfach spiraligen Form ebenfalls einen solchen geometrisch regelmäßigen Hohlraum bildet, entdeckten die Forscher, dass in dem Moment, da sich ein „passendes" Molekül auf den Hohlraum zubewegt, ein ständiger Austausch von Biophotonen einsetzt – die so genannte Photonenresonanz. Wie durch einen Leitstrahl beim Landeanflug eines Flugzeugs wird das Molekül herangelotst. Die Biophysiker vermuten, dass dabei die jeweilige Frequenz und Intensität des Biophotonenlichts entscheidet, welche Moleküle herangezogen werden und somit auch darüber, welche biochemischen Reaktionen stattfinden. So werden die aufgenommenen Nährstoffe in eine höhere Ordnung eingegliedert – Dr. Gabriel Cousens, amerikanischer Ernährungsforscher und eine Zeit lang oberster Gesundheitsberater des Ministeriums für geistige Gesundheit im Bundesstaat Kalifornien, prägte dafür den Begriff „formgebendes Feld". Erst durch dieses Feld also können die Moleküle nach und nach und immer wieder aufs Neue jede einzelne Zelle unseres Körpers aufbauen.

Schon Albert Einstein (1879–1955), Physiknobelpreisträger und Begründer der Relativitätstheorie, betonte immer wieder, dass „das energetische Feld die Form hervorbringt". Mit der Entdeckung der Biophotonen und der lebenden Makromoleküle hat die Biophysik nun einen wichtigen Baustein zum Verständnis dieses Prozesses gefunden.

Das bereits beschriebene „Altern" von Enzymen ist in diesem Zusammenhang nichts anderes als eine Störung des „Biolicht-Leitstrahls" in seiner Frequenz oder Intensität, die das „Heranziehen" und Bearbeiten der Substanzen verhindert. Selbst wenn also mit der Nahrung genügend chemische Bausteine für einen einwandfreien Stoffwechsel aufgenommen wurden und es an lebenden, sende- und empfangsbereiten Makromolekülen wie den Enzymen fehlt, können diese Bausteine vom Organismus nicht eingebaut werden. Die lebenden Makromoleküle und damit das „innere Licht" in unseren Zellen sind daher der neu entdeckte Schlüssel für eine gesund erhaltende und sogar heilende Ernährung.

So wird auch verständlich, warum bisher die Qualität eines Nahrungsmittels, die wir mit unseren Sinnen in vielen Fällen sehr wohl an Geschmack, Geruch und Aussehen erkennen können, mit Mengenangaben von Eiweiß, Fett und Kohlenhydraten nur sehr unzulänglich bestimmt werden kann. Einzig der Abbau von Enzymen und Vitaminen beim Altern und Verderben von Nahrungsmitteln gab bisher einen Hinweis auf die schwindende Güte. Heute weiß man dank Dr. Popps Messmethode, was hier schwindet – es ist das in Enzymen und anderen Makromolekülen gespeicherte Licht.

Die Verwandlung der Materie durch Enzyme

Mit der Nahrung sollte nun eine möglichst große Palette der 75 000 bis 100 000 verschiedenen, im Körper notwendigen Enzyme aufgenommen werden, da jedes auf bestimmte biochemische Reaktionen spezialisiert ist. Bei Tausenden von Stoffwechselreaktionen müssen die Enzyme in Sekundenschnelle „Hand in Hand" zusammenarbeiten. Fehlt nur eines, kann die reibungslose Arbeit der vielen anderen sinnlos sein und der Stoffwechsel wird gestört. Daher sollte der Körper zumindest die wichtigsten Glieder in dieser Kette nicht durch eigene Enzym-Herstellung schließen müssen. Diese ist nämlich auch nicht ganz problemlos. Fehlen unserem Organismus dazu die nötigen, oben erwähnten Co-Enzym-Bausteine, ist die vermehrte Zufuhr anderer Enzyme wenig wirksam.

In einer relativ breiten Palette natürlicher Enzyme liegt denn auch der große Vorzug der speziellen, natürlichen Enzym-Gärgetränke gegenüber pharmazeutischen „Enzympillen". Während in letzteren meist nur zwei oder drei verschiedene Enzyme enthalten sind, wurden beispielsweise im japanischen *Super-Ohtaka* – dem bisher auf dieser Ebene am besten analysierten Enzym-Gärgetränk – bereits rund 250 verschiedene Enzyme nachgewiesen. Die exakte Identifizierung der Enzyme ist noch immer schwierig durchzuführen. Dennoch konnten bisher 35 von ihnen genau bestimmt werden. Im Vergleich zu den bis zu 100 000 verschiedenen Enzymen im Körper sind dies zwar immer noch verschwindend wenige, jedoch fällt auf, dass die entdeckten Enzyme sehr wichtige „Spezialisten" sind. Sie nehmen im Energiestoffwechsel (Zitronensäurezyklus) eine zentrale Rolle ein. In medizinischen Präparaten ist eine solche Zusammenstellung bisher noch nicht gelungen.

So wird verständlich, warum zumindest manche der natürlichen „Enzym-Cocktails" zu wahren Meisterleistungen fähig sind, die nach dem bisherigen biochemischen Verständnis an Wunder grenzen mögen: Wissenschaftliche Studien belegen, dass mithilfe der milchsauren Kwass-Gärgetränke *Kanne-Brottrunk*® und *Brolacta*®

♦ die im Körper befindliche radioaktive Strahlung (Cäsium 137) von Opfern der Tschernobyl-Katastrophe innerhalb von 25 Tagen um das Zwei- bis Dreifache gesenkt werden kann (weit schneller als dies mit einem normalen Austausch von Cäsium bei Mineraliengaben möglich ist),

♦ giftige Kohlenwasserstoffverbindungen, gefährliche Pflanzen- und Holzschutzmittel wie Lindan und andere Umweltgifte zumindest im Erdreich und in Klärschlämmen (und vermutlich auch im Menschen) erheblich reduziert werden können,

♦ sterbende, mit Faulschlamm belastete Seen je nach Größe innerhalb weniger Tage oder Wochen „wiederbelebt" und gereinigt werden können (auch im Menschen drängen die Milchsäurebakterien die Fäulnisbakterien zurück).

Klingen solche Berichte schon spektakulär genug, ist aber damit das Repertoire an Meisterleistungen der Enzyme noch längst nicht ausgeschöpft. Ihnen gelingt nämlich mit ein wenig „Biolicht", was der heutigen Technologie nur unter Einsatz ungeheurer Energiemengen und riesiger Teilchenbeschleuniger möglich ist: die Umwandlung eines chemischen Elementes in ein anderes, vergleichbar der mythischen, alchemistischen Umwandlung von Blei in Gold. Nach gängiger Wissenschaftstheorie ist dies unmöglich – und doch ereignet es sich tagtäglich in Pflanzen und wahrscheinlich auch im Organismus vieler Menschen.

Louis Kervran, Direktor des französischen Instituts für Arbeitsmedizin in Paris, Mitglied der New York Academy of Science und des wissenschaftlichen Beirats der UNESCO, konnte in einer Studie an Pflanzen wissenschaftlich belegen, dass unter Beteiligung natürlicher Enzyme zumindest einige chemische Elemente umgewandelt werden können: Zum Beispiel erzeugen Enzyme aus Kalium und Wasserstoff, aus Magnesium und Sauerstoff oder aus Silizium und Kohlenstoff das Element Kalzium. Natrium und Wasserstoff verwandeln sie in Magnesium, aus Natrium und Sauerstoff wird Kalium, wobei das so erhaltene Magnesium und Kalium wiederum in Kalzium umgewandelt werden kann. So entsteht ein offenbar perfekter Kreislauf der drei Hauptmineralien des menschlichen Körpers, durch den ein Ausgleich von Mangelzuständen möglich ist. „Biologische Transmutation" oder auch „Kervran-Effekt" wird dieses Phänomen genannt.

Diese potentiellen Meisterleistungen der Enzyme lassen für den menschlichen Stoffwechsel vermuten, dass ihre ausreichende Zufuhr sogar weit wichtiger ist als die anderer Bestandteile von Lebensmitteln. Das Auftreten mancher Mineralienmangelzustände bei verschiedenen Erkrankungen wie etwa der Kalziummangel bei Osteoporose (Schwund von Knochengewebe) könnte daher seine tiefere Ursache in einem Defizit an bestimmten Enzymen und somit an dem „Biolicht" der Zellen haben.

Enzyme verzögern das Altern

All diese neuen wissenschaftlichen Erkenntnisse werfen auch ein neues Licht auf den Prozess des Alterns. Wie bereits erwähnt, gilt die Abnahme von Enzymen im Körper als typisches Merkmal des Alterns. So wurde festgestellt, dass im Körper eines 25-Jährigen manche Enzyme 30-mal häufiger vorkommen als bei einem 81-Jährigen. Tatsächlich werden in der derzeit boomenden medizinischen Enzymtherapie die vor allem aus dem Bauchspeicheldrüsensaft von Schweinen und aus Schlauchpilzen gewonnenen Enzympräparate erfolgreich gegen die verschiedensten Alterserkrankungen wie Durchblutungsstörungen, ein geschwächtes Immunsystem, Gelenkrheuma und „Alterskrebs" eingesetzt. Allein die bundesdeutsche medizinische Enzymforschung hat mittlerweile mehr als 125 Studien und Untersuchungen zu den verschiedenen Wirkungen von Enzymen in Auftrag gegeben und Krankenkassen erkennen Enzympräparate als erstattungsfähige Medikamente an. Bereits in den 30er-Jahren wurden einzelne Enzyme zur Krebstherapie eingesetzt. Aber schon die Mayas haben vor über tausend Jahren Papayablätter und -saft und damit die darin enthaltenen eiweißzersetzenden Enzyme als Heilmittel auf bösartige Geschwüre aufgetragen.

Bei japanischen Forschungen zu dem bereits erwähnten, hoch enzymhaltigen Getränk *Super-Ohtaka* wurde festgestellt, dass durch die tägliche, zusätzliche Aufnahme kleiner Mengen pflanzlicher Enzyme tatsächlich eine gewisse „Verjüngung" des Körpers erreicht werden kann. Beispielsweise erfolgt die sonst übliche Alterung etwa der Haut sichtbar langsamer und Falten können sich sogar wieder glätten.

Gärung – das Geheimnis uralter Heilkunst

Wie viele und welche Enzyme in den „Power-Cocktails" enthalten sind, hängt zum einen vom gewählten Ansatz ab – je nach Art des Getränks sind dies Kräuter, Heiltees, Früchte, Gemüse, Getreide oder Milch bzw. Molke. Zum anderen aber ist die richtige Gärung das Erfolgsgeheimnis, denn im Laufe dieses Prozesses vermehren sich Bakterien, Hefen und mit ihnen die

Enzyme. Je nach den Gärbedingungen können diese auch mehr oder weniger des so wichtigen Biolichts (Biophotonen) speichern.

Mit dem gegenwärtigen Aufleben der altbewährten und dem Aufkommen neuer Enzym-Gärgetränke wird auch das uralte Geheimnis der Herstellung besonderer Heilmittel wiederbelebt: das jahrtausendealte Wissen der Alchemie bzw. Spagyrik. In keinem der heute gängigen Herstellungsverfahren von Heilmitteln, weder der Schulmedizin noch der Pflanzenheilkunde oder Homöopathie, wird die Gärung noch verwendet. Dabei hatte der berühmte Arzt und Naturforscher Paracelsus (1493–1541), der als Begründer der neueren Heilmittellehre gilt, noch ausdrücklich darauf hingewiesen, wie wichtig die Vergärung ist. Nur so könnten etwa die Wirkstoffe von Heilpflanzen vollständig gelöst, „aufgeschlossen" und in ihrer Heilkraft verstärkt werden. Heute übliche Herstellungsmethoden, wie alkoholische Pflanzenauszüge, Teebereitungen oder chemische Extraktionen waren auch damals angewandte Verfahren. Dennoch wurde der weit aufwändigere Herstellungsweg über die Gärung als der erfolgreichere eingeschätzt. Auch der Begründer der modernen Physik Sir Isaac Newton (1643–1727), Entdecker unter anderem der Gravitationsgesetze und Erfinder von Differential- und Integralrechnung sowie Deutschlands bekanntester Dichter Johann Wolfgang von Goethe (1749–1832) haben bei ihren Naturforschungen im eigenen Labor die alchemistischen Prozesse (zu ihnen gehören neben der Gärung als erstem Schritt noch Destillation, Veraschung und Zirkulation) erforscht und das damit verbundene überlieferte Wissen hoch angesehen. Noch heute gibt es im deutschsprachigen Raum rund ein Dutzend kleinerer Firmen, die mehr oder weniger den alten Methoden der Alchemie getreu Heilmittel herstellen.

Nach der traditionellen alchemistischen Lehre werden im Laufe der Gärung die Lebensenergie (Mercurius-Prinzip) und das charakteristische Wesen (Sulfur-Prinzip) von ihrer Bindung an die Materie (Sal-Prinzip) gelöst oder vereinfacht ausgedrückt: Die Bindung von Geist und Seele an den Körper der Heilpflanze wird gelockert. Chemisch gesehen werden im Prozess der Gärung ätherische Öle, Aromastoffe (symbolisiert durch Sulfur), organische Säuren, Alkohole (Mercurius) und lösliche Mineralsalze

(Sal) aus dem organischen Verbund der Heilpflanze gelöst. Nach alchemistischer Denkart geht bei allen anderen Verfahren der Wirkstoffgewinnung, wie chemischer Extraktion des alkoholischen oder wässrigen Auszugs, ein Teil der heilkräftigen Substanzen verloren. Demnach könnten nur alchemistische Heilmittel ganzheitlich in Körper, Geist und Seele wirksam sein.

In der Alchemie ist man zudem der Auffassung, dass der Gärungsprozess sowie der Energiegehalt der Gärflüssigkeit stark von natürlichen Rhythmen abhängig sind. Dazu gehören der tägliche Auf- und Untergang von Sonne und Mond, die monatlichen Mondphasen (Näheres dazu im Rezeptteil S. 114 f.) und bestimmte wechselnde Konstellationen der Planeten. Tatsächlich ist heute wissenschaftlich bewiesen, dass sich unter solchen Gegebenheiten zum Beispiel die Oberflächenspannung des Wassers kurzzeitig verändert und chemische Reaktionen anders verlaufen.

Dies wurde jüngst noch einmal durch Prof. W. Peschka von der Deutschen Forschungs- und Versuchsanstalt für Luft- und Raumfahrt in Stuttgart in einer Versuchsserie bestätigt. Er stellte dabei fest, dass zuvor mit Hochfrequenzfeldern bestrahltes Wasser besonders sensibel auf solche kosmischen Einflüsse reagiert. Die Alchemisten versuchten, die „Sensibilität" des Wassers für ihre Gäransätze unter anderem durch mehrmaliges Destillieren zu steigern. Auch für die eigene Herstellung sollte aus verschiedenen Gründen kein gewöhnliches Leitungswasser verwendet werden (siehe unter „Das Geheimnis des richtigen Wassers" S. 79 f.).

„Kosmische Einflüsse" bei der eigenen Herstellung von Enzym-Gärgetränken zu nutzen, ist zwar für eine Heilwirkung des Getränks nicht zwingend erforderlich, es hat jedoch zumindest den angenehmen Nebeneffekt, dass man sich wieder stärker auf die natürlichen Rhythmen der Erde besinnt, sich intensiver mit der Natur verbunden fühlt und dadurch oftmals ganz nebenbei ein harmonischeres Lebensgefühl entwickelt. Auch derartige „innere Prozesse" sind ein Bestandteil des alchemistischen Erfahrungsschatzes, der mit der Herstellung der Enzym-Gärgetränke – bis heute wohl in den allermeisten Fällen unbewusst – teilweise wieder belebt wird.

Sprudelnde Lebenskraft – die Wirkung von Enzym-Getränken auf die Gesundheit

Der heutige Alltag ist bei den meisten Menschen kaum auf eine Ernährung mit „lichtvoller", enzymreicher Frischkost ausgerichtet. Stattdessen stehen vielfach Schnellimbiss, lange warm gehaltenes Kantinenessen, süße Pausensnacks und abends Schnell- und Fertiggerichte auf der Speisekarte. Nur allzu oft enthält dieses Essen kaum noch „Licht-Nahrung". Die Folge davon ist ein Mangel an Enzymen, Vitaminen, Spurenelementen und anderen so genannten Vitalstoffen – was einem Mangel an „Lebendigkeit" der Nahrung und damit an Lebensenergie für den Menschen entspricht.

Zumindest eine deutliche Linderung der Folgen dieses Ernährungsdilemmas ist mit neuartigen und altbewährten Enzym-Getränken möglich. Sie beruhen einerseits auf dem viele Jahrhunderte alten Wissen um die Herstellung unterschiedlicher Arten von Gärgetränken, andererseits auf neuen wissenschaftlichen Erkenntnissen, die zu Ergänzungen oder sogar gänzlich neuen Fertigungsmethoden geführt haben.

Die Herstellung der Enzym-Getränke geschieht nicht durch eine alkoholische Gärung, sondern auf Basis einer „Sauer-Gärung" ähnlich der beim Sauerkraut – im Gegensatz zu Wein- oder Bier-Gärung. Als tägliche Nahrungsergänzung oder als „Power-Drink" während einer mehrwöchigen Entschlackung bessern diese Enzym-Getränke die übliche Zivilisationskost auf. Mehr noch, wer zugleich die im vorigen Kapitel beschriebenen grundlegenden Fehler der heutigen Ernährung weitgehend vermeidet, kann mithilfe der Enzym-Getränke sogar die Selbstheilungskräfte des Körpers soweit stärken, dass dieser – wie wissenschaftliche Untersuchungen belegen – aus sich selbst heraus gesunden kann.

Viermal Enzym-Power

Grundsätzlich unterscheidet man vier verschiedene Typen enzymhaltiger Gärgetränke:

◆ Die seit über 2 000 Jahren bekannten KOMBUCHA-Getränke: Sie werden mithilfe des so genannten Kombucha-Pilzes, der kein wirklicher Pilz ist, sondern eine Symbiose aus verschiedenen Bakterien und Hefen sowie aus gesüßtem Tee gegoren (es entstehen dabei sehr geringe Mengen an Alkohol).

◆ Die wahrscheinlich mindestens ebenso alten KWASS-Getränke: Aus Brot oder Getreide und Wasser (selten auch Molke) wird der Trunk durch Milchsäurebakterien hergestellt (die Alkoholbildung kann hier vermieden werden).

◆ Das KEFIR-Getränk: Bei diesem ebenfalls sehr alten Verfahren wird Milch unter Verwendung des Kefir-Pilzes, der ebenso wie der Kombucha eine Symbiose verschiedener Bakterien und Hefen ist, vergoren (dabei entstehen geringe Mengen an Alkohol).

◆ Das Mitte der 50er Jahre entwickelte japanische Enzymkonzentrat SUPER-OHTAKA: Ein fermentierter Zuckerauszug wird in einem eigenständigen neuen Verfahren hergestellt. Mithilfe verschiedener Zuckerarten wird hierbei zuerst ein Auszug aus zahlreichen Obstsorten, Gemüsen, Keimen und Algen hergestellt, der dann ohne Entstehung von Alkohol vergoren wird.

All diesen Getränken gemeinsam ist, dass sie bei regelmäßigem Genuss den Stoffwechsel und das wichtige Säure-Basen-Gleichgewicht harmonisieren können. Sie entgiften den Körper, unterstützen die Darmsanierung, stärken die Abwehrkräfte, beleben das Drüsensystem, normalisieren den Blutdruck, lindern Kopf- und Gliederschmerzen sowie Hämorriden und bringen allgemein den Organismus wieder ins Gleichgewicht. Bei einer Vielzahl so genannter Zivilisationskrankheiten wie Allergien, Rheuma, Gicht, Diabetes, Osteoporose und Arteriosklerose können sie wichtige Heilimpulse geben. Die Wirkungsweise der verschiedenen Enzym-Gärgetränke ist dabei jedoch unterschiedlich – je nach Art der vorherrschenden Enzyme und weiteren Inhaltsstoffe wie Vitaminen, Milchsäure und anderen organischen Säuren, Mineralien und Spurenelementen. Wissenschaftliche Untersuchungen zu den jeweiligen „Power-Cocktails" sowie gesammelte Erfahrungswerte geben zudem Hinweise für die unterschiedlichen Hauptanwendungsgebiete. Diese finden Sie im Folgenden:

Kwass

- Die Darmflora wird positiv beeinflusst und Fremdbakterien werden gehemmt (nach einer Studie von Dr. G. Ionescu und anderen, Spezialklinik Neukirchen/b. Hl. Blut).
- Das Immunsystem wird innerhalb von 100 Tagen um 300 Prozent gegen grippale Infekte gestärkt,
- Magen-Darm-Beschwerden und einige andere chronische Krankheitssymptome werden gebessert,
- Magenschleimhautentzündungen (Gastritis) werden deutlich gebessert,
- chronische Sehnenentzündungen und Muskelschmerzen ohne organische Ursache erfahren eine deutliche Linderung,
- seelisch-körperliche Erschöpfungszustände werden sehr deutlich verringert, stärker als bei Verwendung von Multivitaminpräparaten (nach Studien von Prof. Dr. R. Grossarth-Maticek, Heidelberg).
- Die Cholesterinwerte werden gesenkt und zwar nur bei Personen, die zuvor erhöhte Werte hatten (selektive Wirkung),
- die Menge der Elektrolyte Kalium, Kalzium und Magnesium werden in den Normalbereich angehoben (nach Studien von Prof. Dr. Fritz Matzkies, Kurparkklinik, Bad Neustadt/Saale).
- Die radioaktive Verseuchung des Körpers mit Cäsium 137 wird innerhalb von rund drei Wochen um das Zwei- bis Mehrfache gesenkt (nach einer Studie von Prof. Dr. M. B. Borissjuk und anderen, Staatliches medizinisches Institut Grodno, Weißrussland).
- Der Blutzuckerspiegel bei Diabetes wird deutlich verbessert (Studie von Dr. D. Houwert, Harderwijk, Niederlande).

◆ Das Körpergewicht wird auf das individuell normale Maß reduziert (nach einer Untersuchung von Dr. Ulrich Weber, Wickede).
◆ Besserungen bei Schuppenflechte treten auf, so dass keine Medikamente und Salben mehr nötig sind (nach einer Studie von Dr. Peter Scholz und anderen).

Alle Untersuchungen erfolgten übrigens zu den Kwass-Getränken *Kanne-Brottrunk®* und *Brolacta®*.

◆ Positive Erfahrungen einer großen Zahl von Anwendern liegen auch zu äußerlichen Anwendungen bei Hauterkrankungen wie Neurodermitis vor.
◆ Die positiven Wirkungen von Milchsäure auf den Organismus wurden vielfach beschrieben.

Kombucha

◆ Viren werden ebenso stark gehemmt, wie bei schulmedizinischen Standardpräparaten (nach einem Bioresonatortest von Dr. Reinhold Wiesner; Untersuchung zum Getränk *Original Kombucha nach Dr. Sklenar®*).
◆ Die Darmflora wird reguliert und Pilzerkrankungen durch Candida-Hefepilze werden positiv beeinflußt (nach einer Studie von Wolfgang Spiller, Heilpraktiker, Villingen-Schwenningen, zu dem nicht mehr hergestellten Getränk *Ojas*, Vorläufer von *VitaPur®*).
◆ Eine unterstützende Wirkung konnte in der biologischen Krebstherapie, bei Gicht, Rheuma und Hauterkrankungen erzielt werden (nach einem Erfahrungsbericht Dr. Rudolf Sklenar, Lich, zum *Original Kombucha nach Dr. Sklenar®*).
◆ Die Abwehrkräfte wurden gesteigert (nach einer Studie von Dr. Reinhold Wiesner, Schwanewede, mithilfe des Bioresonatortests zum *Original Kombucha nach Dr. Sklenar®*).
◆ Mundschleimhautentzündungen bei Kleinkindern heilen schneller aus (nach einer Studie an der Moskauer Universitätsklinik für Kinderkrankheiten zu einem russischen Kombucha-Getränk).

◆ Eine allgemeine Harmonisierung und ein Energiezuwachs wurden durch Kirlian-Elektrofotografie nachgewiesen (nach einem Erfahrungsbericht der Heilpraktikerin Arlette Büchel, Herisau/Schweiz zum Getränk *Chi*®).

◆ Die Abwehrkräfte werden gestärkt, eine Zunahme der weißen Blutkörperchen erreicht. Positive Erfolge als Begleittherapie bei Rheuma-Schmerzen und Nebenwirkungen von Chemotherapien bei Krebs (nach einem Erfahrungsbericht von Dr. A. H. Raabe, Mannheim/Deutschland, zum Getränk *Chi*®).

◆ Anwender berichten von vielseitigen positiven Wirkungen, die auf einer allgemeinen Regulierung des Stoffwechsels beruhen können. Vor allem treten Besserungen bei Magen-Darm-Problemen, Gelenkschmerzen, Frauenleiden, Nierensteinen und Rückenschmerzen ein.

Kefir

◆ Stoffwechsel, Kreislauf, Leber, Galle und Nieren werden stabilisiert, Infarkte und Rheuma treten seltener auf, Thyphuserreger werden innerhalb von 48 Stunden abgetötet, zudem ist Kefir bei Magen- und Darmgeschwüren hilfreich (nach Berichten osteuropäischer Institute).

Super-Ohtaka

◆ Der Säure-Basen-Haushalt wird normalisiert. Alle Körpersäfte werden in einen gesunden, schwach basischen Bereich gebracht (nach Untersuchungen von Dr. Hisatoki Komaki, Mukogawa-Gakuen-Universität und Laboratorium Matsushita Electric Co).

◆ Deutliche Besserungen (als Begleittherapie) treten bei vielen chronischen Krankheiten wie Diabetes, Nieren-, Leber- und Herzkrankheiten, Arterienverkalkung und Hauterkrankungen ein,

◆ schnelle Linderung bei Magengeschwüren,

◆ offene Wunden, die etwa durch langes Liegen oder durch schwere Verbrennungen entstanden sind, heilen besser,

- das Blutbild wird verbessert und die Funktion insbesondere von Schilddrüse, Niere und Nebenniere wird reguliert,
- der gesamte Stoffwechsel wird harmonisiert (nach Forschungen an der Privatklinik Dr. Shiraishi, Kagoshima).
- Die Funktionen der Leber werden normalisiert (nach Studien der Forschungsgruppe Nishikaze, Universität Hokkaido).
- Erkrankungen der Mundschleimhäute und der Haut sowie Verbrennungen heilen deutlich schneller (nach Forschungen von Dr. Hiroaki Kobyashi, Dr. Tetsuo Sano, Otaka-Enzyme Aktiengesellschaft, Otaru).

Weitere Inhaltstoffe

Allen Enzym-Getränken gemeinsam ist, dass sie rechts- und linksdrehende MILCHSÄURE enthalten (benannt nach der Richtung, in der sie Licht polarisieren) – wenn auch in recht unterschiedlichen Mengen. Die positiven Wirkungen der rechtsdrehenden Milchsäure sind seit langem bekannt und vielfach wissenschaftlich belegt:

- Milchsäureprodukte regulieren den Säuregehalt des Magens (pH-Wert) und tragen damit zur Harmonisierung der Verdauung und zur Regulierung des Säure-Basen-Milieus bei.
- Milchsäurebakterien hemmen die Entwicklung Gas bildender Mikroorganismen, beugen damit Fäulnis und Gärung im Darm vor und vermeiden so Blähungen.
- Milchsäure hat einen regulierenden Einfluss auf die Darmflora, wodurch wiederum das Immunsystem gestärkt, Hautunreinheiten gebessert werden.
- Milchsäurebakterien beeinflussen die Darmperistaltik und verhindern Verstopfungen.
- Das Eiweiß in der Nahrung wird durch Milchsäure besser aufgeschlüsselt.
- Eisen kann besser aufgenommen werden.
- Milchsäure aktiviert die Bauchspeicheldrüse und beeinflusst daher Blutzuckerwerte (Diabetes) günstig.

◆ Milchsaure Säfte sind ein bewährtes Heilmittel bei Typhus und ähnlichen Erkrankungen.

◆ Aufgrund ihres in der Regel hohen Mineralgehalts wirken milchsaure Getränke als Basenbildner; die Milchsäure selbst wirkt trotz ihrer Säure nicht säurebildend.

Entscheidend für die Heilwirkung von Milchsäure und Milchsäurebakterien ist, dass die Produkte nicht wärmebehandelt werden. Nur so behalten sie ihre volle Enzym- und Lichtkraft.

Eine wichtige gesundheitliche Bedeutung haben auch die MINERALSTOFFE, VITAMINE UND SPURENELEMENTE, die in den Gärgetränken enthalten sind: Kalium, Kalzium, Magnesium, Phosphor, Natrium, Mangan, Kupfer, Eisen und Zink sowie Vitamin B1 und B2, Niacin, Folsäure, Pantothensäure, Vitamin B6, B12, E, C und andere. Sie sind unter anderem als BASENMINERALIEN zur Regulierung des Säure-Basen-Haushalts (siehe vorhergehendes Kapitel) wichtig. Einige von ihnen werden zudem für die Aktivität der Enzyme als „Stoffwechsel-Regisseure" benötigt. Kwass-Getränke haben in der Regel einen höheren Gehalt an derartigen Stoffen als Kombucha-Getränke.

Weitere Inhaltsstoffe sind VITALE HEFEZELLEN, die das Immunsystem kräftigen und gute Speicher von Biophotonen sind sowie verschiedene ORGANISCHE SÄUREN wie Essig-, Wein-, Apfel-, Zitronen-, Bernstein- und Oxalsäure sowie Aminosäuren wie Alanin, Tyrosin und viele andere.

Bei Kombucha-Getränken wird zudem auf Glukuronsäure als Bestandteil hingewiesen, die im Laufe des Gärprozesses gebildet werden kann. Glukuronsäure hat eine stark entgiftende Wirkung und einen harmonisierenden Einfluss auf den Stoffwechsel. Der Allgemeinzustand wird dadurch – nach Erfahrungen des Arztes Dr. Valentin Köhler auch bei Krebspatienten – nachhaltig gebessert.

Neue und alte Zaubertränke

Ein geheimnisvoller Zaubertrank aus verschiedenen Pflanzen, gebraut vom Druiden, dem Heilkundigen und Magier des Dorfes, verleiht in Asterix-Comics übernatürliche körperliche Kräfte.

Während dieser weltberühmte Zaubertrank der Fantasie des Comic-Autors entsprungen ist, sind die Enzym-Gärgetränke mit ihrer umfassend vitalisierenden – zwar weniger spektakulären, aber bei regelmäßigem Genuss doch mitunter an Zauberkräfte grenzenden –, wissenschaftlich belegten Wirkung sehr real. Auch ihre Ursprünge reichen weit in die Vergangenheit zurück und ihre Entstehung ist teils ebenfalls von Mythen umrankt. So soll zum Beispiel der Kefir-„Pilz" den muslimischen Bergvölkern des Kaukasus vom Propheten übergeben worden sein – als Symbol der Unsterblichkeit und des rechten Glaubens.

Kombucha-Fertiggetränke

Das Kombucha-Getränk wird aus gesüßtem Tee und mithilfe verschiedener Bakterien und Hefen, die im Kombucha-„Pilz" in Symbiose zusammenleben, durch Gärung gewonnen. Art und Menge dieser Mikroorganismen können beträchtlich schwanken und sind zum einen abhängig von der jeweiligen ursprünglichen Pilzbesiedlung, zum anderen wird ihre Zusammensetzung im Laufe der Gärung je nach gewähltem Ansatz und jeweiligem Gärort verändert (siehe auch Kapitel „Die eigene Herstellung"). Ziel des Herstellungsverfahrens ist es, die Gärung so zu steuern, dass die Anteile an Milchsäure jene an Essigsäure und Alkohol bei weitem überwiegen.

Während der rund zehntägigen Gärung setzen Bakterien und Hefen, bzw. deren Enzyme, den Zucker und im Wasser gelöste Teebestandteile in die verschiedenen Inhaltsstoffe und in Zellulose um. Letztere bildet gallertartige Schichten auf der Flüssigkeit. Einer gewissen Ähnlichkeit mit Schwämmen oder einigen Pilzen verdankt dieses Gebilde den Namen „Pilz". Eine vergleichbare Symbiose ist die so genannte „Essig-Mutter", mit der noch vor wenigen Jahrzehnten in vielen Haushalten der Essig selbst hergestellt wurde.

Der Kombucha-Pilz wird seit langem in Asien genutzt. Von dort gelangte er vermutlich über Russland und die baltischen Länder Anfang dieses Jahrhunderts nach Mitteleuropa.

Namensgeber des Pilzes und Getränks soll der koreanische Arzt Kombu sein, der am Anfang des fünften Jahrhunderts den japanischen Kaiser Inkyo durch einen geheimnisvollen Teetrank geheilt haben soll. Wie die Legende berichtet, sei das Getränk mithilfe eines Pilzes hergestellt worden. Zu Ehren des Arztes trage der Heiltrank seitdem den Namen „Tee des Kombu", woraus der europäische Name Kombucha (Cha = Tee) entstand.

Eine andere Erklärung des Namens fußt ebenfalls im Japanischen, allerdings auf einer rein sprachlichen Deutung. Danach stehe „Cha" für Tee, während „Kombu" der Name von Braunalgen ist, die in Japan als Nahrungsmittel dienen. Ob sich die Bezeichnung Kombucha damals wirklich auf einen Algentee als Gäransatz bezog, ist unklar. Vielleicht haben die Japaner auch einen normalen Aufguss aus grünem Tee nach der Alge benannt, weil sie das Teekraut – ein damals brandneuer Import aus China – an ihre Algen erinnert hat.

Kombucha ist aber nur einer von vielen Namen, den „Pilz" und Getränk in Europa erhalten haben. Zum Beispiel heißt er in Böhmen und Mähren „Olinka", in Frankreich „Champignon de la Charité" oder „Champignon de longue vie" und in Italien „Fungo Cinese".

Heute erleben Kombucha-Fertiggetränke – vor allem in Deutschland – einen Boom, was sicherlich mit an den verfeinerten Rezepturen liegt. Bei ihnen werden die als traditionell geltenden Gäransätze aus gesüßtem grünem oder schwarzem Tee ganz oder teilweise durch Kräuter, Blüten, Wurzeln oder Früchte und Honig ersetzt. Dadurch soll die entschlackende sowie eine allgemein positive Wirkung auf die Gesundheit verstärkt und durch die Vielzahl der Kräuter auch die Anzahl unterschiedlicher Enzyme erhöht werden. Hinzu kommen bei einigen der Fertiggetränke noch besondere Methoden der Wasserreinigung und -beeinflussung. Diese sollen den in der Gärflüssigkeit enthaltenen Enzymen oder der Flüssigkeit selbst eine „lebendigere"

Qualität verleihen – also eine Speicherung größerer Energiemengen in Form von Biophotonen ermöglichen.

Original Kombucha nach Dr. Sklenar®

Dieses Getränk wird nach der Rezeptur des Arztes Dr. Rudolf Sklenar (1912–1987) hergestellt. Wie in vielen etwa 50 bis 70 Jahre alten europäischen Berichten über die Herstellung des Kombucha, werden schwarzer Tee und weißer Industriezucker verwendet, was in diesen Beschreibungen als traditionelle Art und Weise der Zubereitung angesehen wird. Dr. Sklenar hat sein Kombucha-Getränk als begleitendes Mittel in der biologischen Krebstherapie eingesetzt.

Besonderheit des Produkts: Herstellung nach Rezeptur des „Kombucha-Arztes" Dr. Sklenar.

Erhältlich: vor allem in Reformhäusern; Auskünfte zu Bezugsquellen: Dr. med. Sklenar Bio-Produkte GmbH, Josef-Baumann-Straße 39, D-44805 Bochum. Tel.: 02 34/89 16 60, Fax: 8 91 66 66

Fischer's Tsche

Dieses Kombucha-Getränk wird bereits in rund 100-jähriger Familientradition hergestellt. Basis ist ein Auszug aus verschiedenen Kräutern und Früchten, deren Auswahl heute nach ayurvedischen Ernährungsregeln variiert wird (siehe nachstehende Erläuterung). Zudem werden Honig und Ökozucker dem Gäransatz zugesetzt.

Das verwendete Wasser wurde zuvor speziell verwirbelt und mithilfe des „HydroCristall®-Wasserbehandlungssystems" (siehe Erläuterung S. 52 f.) „energetisiert". Dadurch sollen Wasser, Enzyme und Gärprodukte eine hohe „Lichtqualität" (Biophotonenkonzentration) erhalten.

Besonderheit des Produkts: Auswahl der Kräuter und Früchte nach Ayurveda, Wasser-„Energetisierung" mit „Hydro-Cristall®".

Erhältlich: in Naturkostläden oder direkt bei: Fischers Bioprodukte, Metzer Str. 67, D-66117 Saarbrücken, Fax: 06 81/7 36 25

Ayurveda – Was ist das?

Ayurveda ist eine mehrere tausend Jahre alte indische Gesundheitslehre, die konventionelle Chirurgie und psychische Betreuung ebenso wie über 8 000 verschiedene Medikamente auf Basis von Pflanzen und Mineralstoffen beinhaltet. Bei Diagnose und Therapie wird der gesamte Mensch in all seinen Lebensumständen betrachtet. Die ayurvedische Medizin geht davon aus, dass alles im Universum, auch der Mensch, aus drei grundlegenden Kräften oder Prinzipien besteht: Vata, Pitta und Kapha genannt. Diese drei Wirkprinzipien steuern alle körperlichen, geistigen und seelischen Vorgänge:

Vata gleicht dem Wind. Es ist das bewegende Prinzip und steuert das Nervensystem; Pitta ist der Sonne als Energiequelle vergleichbar. Pitta steuert das Verdauungssystem und alle biochemischen Vorgänge im Körper; Kapha gilt als Prinzip der Mondkräfte. Es reguliert das Gleichgewicht der Flüssigkeiten im Körper und steuert das Zellwachstum.

Gesundheit heißt nach der ayurvedischen Medizin, dass sich die drei Kräfte in Harmonie befinden. Bei Krankheit liegt ein Ungleichgewicht vor.

Nach dieser Vorstellung werden in einigen Enzym-Gärgetränken die Zutaten so ausgewählt, dass sie ein Gleichgewicht der Kräfte von Vata, Pitta und Kapha bilden. Diese Harmonie der Wirkkräfte soll bei längeren Trinkkuren auch im Körper nach und nach einen Ausgleich eventueller Ungleichgewichte bewirken.

HydroCristall®-Wasser – Was ist das?

„HydroCristall®"-Erfinder Josef Dagn geht davon aus, dass die vielen künstlichen elektromagnetischen Felder – angefangen bei Funk- und Radarwellen bis zum Elektrosmog durch Haushaltsgeräte – die natürlichen Schwingungen stören und überlagern, vor allem jene, die die Erde aus dem Kosmos erreichen. Diese natürlichen, kosmischen Wellen und die damit verbundenen „Informationen" aber seien für Mensch, Tier und Pflanze lebenswichtig. Auch die Qualität des Wassers als Lebensquell stehe mit dessen Fähigkeit in Zusammenhang, als Empfänger und Speicher für derartige Schwingungen zu dienen. Das heutige Leitungswasser allerdings habe diese Fähigkeit weitgehend eingebüßt.

Dagn entwickelte daher ein Verfahren, mit dem er geeignete Trägermaterialien wie Quarz, Marmor oder Edel- und Halbedelsteine zu dauerhaften Empfängern für derartige natürliche kosmische Schwingungen macht. Als Umhüllung für Wasserleitungen geben diese in seinem „Hydro-Cristall®"-Gerät die aufgefangenen „kosmischen Informationen" an das durchfließende Wasser ab.

Tatsächlich konnte Biophotonenforscher Fritz-Albert Popp in Versuchen belegen, dass derartig behandeltes Wasser eine „höhere innere Ordnung und Energie" besitzt und einen positiven Einfluss auf Lebewesen ausübt.

Amrita® und Viva

Die beiden Enzym-Getränke werden aus 13 verschiedenen Kräutern und (vor allem tropischen) Früchten in jeweils unterschiedlicher Zusammenstellung vergoren – orientiert an den Regeln der ayurvedischen Ernährungslehre (siehe vorhergehende Erläuterung). Die Zutaten stammen aus kontrolliert-biologischem Anbau und zu zwei Prozent aus Wildsammlung.

Das Wasser wurde zuvor mithilfe der „HydroCristall®-Methode" „energetisiert" (siehe vorstehende Erläuterung).

Besonderheit des Produkts: Kräuterauswahl nach Ayurveda, Wasser-„Energetisierung" mit „HydroCristall®"

Erhältlich: in Naturkostläden, bei Heilpraktikern und Ernährungsberatern oder direkt bei: „Top Fit Naturkost", Mannheimer Str. 32, D-70376 Stuttgart, Tel.: 07 11/9 55 99 11, Fax: 07 11/5 49 62 99

Dr. rer. nat. Meixner's Combucha®-Teekwass

Der Name dieses Gärgetränks mag im ersten Moment verwirren, vereint er doch zwei unterschiedliche Herstellungsmethoden – Kombucha und Kwass. Teekwass ist jedoch eine der in Mitteleuropa für Kombucha kursierenden Bezeichnungen. Das Getränk wird nach der Kombucha-Methode vergoren. Seine Herstellung erfolgt unter Verwendung von speziellem, seltenen germaniumhaltigen Mineralwassers, durch das die gesundheitliche Wirkung des

Enzym-Getränks gesteigert werden soll. Von dem Halbmetall Germanium ist bekannt, dass es die Sauerstoffzufuhr im Körper erhöht. (Bei der therapeutischen Anwendungen werden allerdings organische Germaniumverbindungen verwendet.)

Besonderheit des Produkts: Verwendung germaniumhaltigen Mineralwassers
Erhältlich: vor allem im Direktbezug bei: Interpilz, Dr. Meixner GmbH, Sonntagweg 6c, D-70569 Stuttgart, Tel.: 07 11/6 87 66 06, Fax: 07 11/6 78 83 80

VitaPur®

Das Getränk wurde von dem Ernährungsfachmann Christian Opitz entwickelt. Ausgangsstoffe sind hier nicht schwarzer oder grüner Tee, sondern ausschließlich verschiedene Kräuter. Statt Zucker wird Honig dem Gäransatz zugesetzt. Sowohl Kräuter als auch Honig werden nach den Richtlinien kontrolliert-biologischen Anbaus gewonnen. Zudem werden die Kräuter an „schwingungsreichen" Tagen geerntet, an denen sie besonders starke Wirkkräfte enthalten sollen.

Das Wasser des Gäransatzes und die Enzyme sollen durch die Nutzung so genannter „Tachyonenenergie" (siehe nachstehende Erläuterung) vitalisiert werden. Dazu wird mithilfe spezieller Tachyonen-Produkte von David Wagner zum einen während der Gärung ein solches „Energiefeld" erzeugt, zum anderen wird dem fertigen Getränk ein mit Tachyonen aufgeladenes Wasser („Tach O' Splash" genannt) tropfenweise zugesetzt.

Eine ergänzende Zugabe nach dem Gärprozess sind Orchideen-Blütenessenzen von Andreas Korte („Korte-Phi-Essenzen"; Erläuterungen dazu auf S. 56). Sie sollen eine regulierende Wirkung auf den Energiefluss in den Meridianen („Energielinien" des Körpers) und auf die Chakren haben, welche nach alten indischen Lehren die Hauptenergiezentren des Menschen sind.

Besonderheit des Produkts: Nutzung von Tachyonenenergie nach David Wagner und nachträgliches Zusetzen von Orchideen-Blütenessenzen; Verwendung von „Bioland"-Honig im Gäransatz.

Erhältlich: in Naturkostläden und Reformhäusern, bei Heilpraktikern und Tachyon-Therapeuten; Auskünfte zu Bezugsquellen: Albiona Naturkost, Roland Geist GmbH, Kirchenrain 11, D-74613 Öhringen, Tel.: 0 79 41/ 3 94 94, Fax: 0 79 41/3 94 95

Tachyonenenergie – Was ist das?

Die Theorie der Tachyonenenergie und des Tachyonenfeldes – gleichbedeutend werden auch die Begriffe Äther, Fermi-See, Nullpunktenergie, Gravitationsfeld, Feinbergfeld, Neutrino-Meer oder Vakuumfeld verwendet – wurde von namhaften Quantenphysikern bereits in den 30er-Jahren entwickelt.

Aus den Berechnungen der Quantenphysik ergab sich, dass der „leere" Raum eine schier unerschöpfliche Energiemenge besitzen müsse. Manche Theoretiker schreiben dem Tachyonenfeld zudem die Fähigkeit zu, auf Materie ordnend und „formgebend" einzuwirken – auf Lebewesen bezogen entspräche dies einer heilenden Wirkung.

Die Existenz der Tachyonenenergie gilt jedoch offiziell noch nicht als bewiesen. Der frühere Astronaut Dr. Edgar D. Mitchell charakterisiert die gegenwärtige Diskussion um Tachyonenenergie wie folgt: „Es gibt Energiearten, die außerhalb des elektromagnetischen Spektrums liegen. Bedauerlicherweise sind diese Forschungsarbeiten noch nicht anerkannt und werden zumeist von Einzelgängern unternommen, die größtenteils ohne Unterstützung arbeiten, deren Arbeiten vor den Grenzen der derzeitigen Wissenschaft liegen und die der etablierten Wissenschaft um Jahre voraus sind."

Der amerikanische Computer-Ingenieur David Wagner entwickelte nun ein Verfahren, mit dem verschiedene Materialien wie Glas und Seide in ihrer physikalischen Struktur so verändert werden können, dass sie zu „Antennen" für Tachyonenenergie werden. Sie sollen das kosmische Energiemeer „anzapfen" und die Vakuumenergie in „Tachyonenpartikel" umwandeln können; letztere wiederum könnten von Lebewesen und vom Wasser aufgenommen und umgesetzt oder gespeichert werden. Fest steht bisher nur, dass die Produkte von David Wagner tatsächlich einen „aufladenden" Einfluss auf Wasser und Lebewesen ausüben.

Orchideen-Blütenessenzen – Was ist das?

Allgemein bekannt sind die so genannten Bach-Blütenessenzen, die von dem britischen Arzt, Bakteriologen und Homöopathen Edward Bach (1880–1936) entwickelt worden sind. In wässrigen Auszügen werden die Heilkräfte jeweils einer bestimmten Blüte eingefangen. Bei den so gewonnenen Mitteln handelt es sich jedoch nicht um stoffliche Substanzen; chemische Analysen können nur Wasser und Alkohol (als Konservierungsmittel) feststellen. Vielmehr sollen im Wasser der Essenzen Informationen bzw. elektromagnetische Schwingungen gespeichert sein. Tatsächlich können zum Beispiel mithilfe der Elektrofotografie (auch Kirlianfotografie genannt) Unterschiede zwischen normalem Wasser und Blütenessenzen sowie zwischen einzelnen Essenzen festgestellt werden.

Die von Andreas Korte angefertigten Orchideen-Blütenessenzen („Korte-Phi-Essenzen") unterscheiden sich von den Bach-Blütenessenzen in zweierlei Hinsicht:

1. In der Herstellung: Während nach Bach die Blüten abgepflückt werden, wird hier die Heilinformation von der lebenden, an der Pflanze befindlichen Blüte in das Wasser „abgezogen". Korte ist der Meinung, dass durch den Schock der Pflanzen beim Abpflücken bereits die ursprüngliche Information gestört werde.

2. In der Wirkrichtung: Während die Bach-Blütenessenzen auf emotionale und psychische Befindlichkeiten zielen, sollen die Heilinformationen der Orchideen-Essenzen übergeordnete geistige und seelische Disharmonien, die den emotionalen Problemen übergeordnet seien, harmonisieren können.

Natur Pur® Kombu'Cha

Dieses Enzymgetränk wurde 1994 auf der internationalen Bio-Fach-Messe zum Bioprodukt des Jahres gewählt und „ausgezeichnet für ökologische Konsequenz und Innovation in der Produktentwicklung". Es wird aus Grüntee und 17 verschiedenen Kräutern sowie Rübenzucker aus biologischem Anbau hergestellt.

Eine Besonderheit ist die Form der Wasservitalisierung, bei der der natürliche Wasserkreislauf der Erde nachgeahmt wird. Sie wurde von „Natur Pur" in Zusammenarbeit mit dem Bildhauer und Geomanten (Kundiger der Erdenergie) Siegfried Prumbach entwickelt. Zur „Energetisierung" durchläuft das Wasser zunächst einen speziellen Kohlefilter und wird anschließend verwirbelt, um Schadstoffe und deren „Informationen" zu entfernen. Danach wird es in einem Kristallwasserfall aus 38 verschiedenen Edelsteinen in Zusammenwirkung mit Sonnenlicht „aufgeladen" und fließt durch ein kleines künstliches Bachbett aus blauem Marmorstein. Geomantische Ursymbole, die im Bachbett eingemeißelt worden sind, sollen eine zusätzliche energetisierende Wirkungen auf das Wasser ausüben.

Besonderheit des Produkts: Geomantische Wasser-„Energetisierung"

Erhältlich: in Reformhäusern und Naturkostläden oder von: Voelkel KG, Natursäfte, Pevestorf 23, D-29478 Höhbeck, Tel.: 0 58 46/95 00, Fax: 0 58 46/9 50 67

Kombucha

Das in Österreich erhältliche Getränk wurde von dem Heilpraktiker Ferdinand Stock entwickelt und wird für die weltbekannte Red-Bull-Firmengruppe hergestellt. Anders als andere Enzymgetränke ist dieses auch in Gaststätten erhältlich. Aufgrund der positiven Erfahrungen, soll das Getränk in Zukunft auch in anderen Ländern angeboten werden.

Das Enzymgetränk wird aus speziell ausgesuchten Kräutertees und Zucker vergoren.

Besonderheit des Produkts: wird auch im Ausschank in der Gastronomie angeboten

Erhältlich: im Lebensmittelhandel, Drogerien und Reformhäusern (bisher nur in Österreich) sowie in der Gastronomie, Auskünfte bei: Stock Vital GmbH, Brunn 115, A-5330 Fuschl, Tel.: 06 62/6 58 20, Fax: 06 62/6 58 29 35

Individuelle Anfertigung von Kombucha-Fertiggetränken

Sie werden als spezieller Service von der Firma „Fischer Bioprodukte" hergestellt. Je nach den individuellen Befindlichkeitsstörungen und gesundheitlichen Beschwerden werden unterschiedliche Mischungen von Heilkräutern – ähnlich wie bei speziellen Heiltees etwa zur Unterstützung von Organfunktionen – ausgewählt und zu einem Enzym-Getränk vergoren. Möglich sind zum Beispiel Pflanzenmischungen, die die Tätigkeit von Lunge, Leber, Herz, Blase oder Nieren unterstützen. In der Regel werden die Getränke von einem Heilpraktiker oder Arzt empfohlen; zumindest aber sollte ihre Anwendung in Absprache mit dem jeweiligen Behandler erfolgen.
Besonderheit des Produkts: Kräuterauswahl nach individuellen Wünschen und Gesundheitsproblemen
Erhältlich: über Heilpraktiker oder direkt bei: Fischer Bioprodukte, Metzer Straße 67, D-661117 Saarbrücken, Fax: 06 81/73 36 25

Chi®

Ein den Kombucha-Getränken ähnliches Enzym-Gärgetränk ist das in der Schweiz hergestellte *Chi®*. Es wird aus besonders nitratarmem Wasser (zirka 10 mg/l) und Zutaten aus kontrolliert-biologischem Anbau hergestellt.

Das Wasser des Gäransatzes wird nach dem so genannten Ojas-System „energetisch belebt" und erhält dabei eine Rechtspolarisierung, wie sie auch bei vielen Heilquellen festgestellt wurde.

Während der etwa zweiwöchigen Gärung sollen Mikroorganismen und Enzyme zudem durch Musikbeschallung mit spezieller indischer Musik von Sri Chinmoy, dem bekannten Meditationslehrer, Musiker und Friedensphilosophen, zu größerer Aktivität angeregt werden.

Das Getränk wird in vier Geschmacksvariationen hergestellt: mit verschiedenen Früchten, Blüten, Blättern und Wurzeln. Nach einem philosophischen Konzept symbolisieren die verschiedenen Pflanzenteile unterschiedliche emotionale und geistig-seelische Eigenschaften, die der jeweiligen Wirkung des Getränketyps auf den Menschen entsprechen sollen.

Besonderheit des Produkts: Wasser-„Energetisierung" nach dem Ojas-System und zusätzliches „Aufladen" durch Beschallen mit indischer Musik in bestimmten Harmonien; vier Geschmacksvariationen

Erhältlich: in Reformhäusern, in der Schweiz auch in Drogerien und Naturkostläden; Auskünfte zu Bezugsquellen in der Schweiz bei: Soyana, Turmstr. 6, CH-8952 Schlieren, Tel.: 01/7 31 12 00, Fax: 01/7 31 12 75; in Deutschland: Vitam Hefe-Produkt GmbH, Walter-von-Selve-Str. 2, D-31789 Hameln, Tel.: 0 51 51/9 54 00, Fax: 0 51 51/95 40 66.

Hauslieferdienst in Deutschland: Aqua Plus GmbH, Hannover, Tel.: 0 18 05/21 62 10; Lieferdienst Schweiz: Gsund & Guet, Mülligen, Tel.: 01/7 31 14 11

Ojas-Wasser – Was ist das?

Das Ojas-Wasser wird mithilfe des „Ojas-Durchlaufimpuls-Generators" hergestellt. Dieses von den deutschen Privatforschern Helmut Volk und Walter Hess entwickelte Gerät überträgt auf durchlaufendes Wasser verschiedene Eigenschaften, die typisch für gesundes Wasser aus berühmten Heilbrunnen wie den Quellen des Ganges seien. Dies sind bestimmte elektromagnetische und kapazitive Eigenschaften sowie eine rechtsdrehende Polarisierung. Zudem erhalte es dabei „Informationen" von Vitaminen, Mineralstoffen und Spurenelementen sowie aller 38 Bach-Blütenpräparate.

Tatsächlich wurde eine positive Veränderung des Wassers mithilfe der standardisierten Hagalis-Kristallanalyse bestätigt. Menschen, die das Wasser trinken, zeigen im Elektroakupunkturtest (Vega-Test) eine deutliche Verbesserung der Messwerte. Dies wird durch kinesiologische Muskeltests bestätigt.

Kombucha-Tropfen

Die Kombucha-Tropfen sind eigentlich gar kein Enzym-Gärgetränk, vielmehr sind sie gewissermaßen der Pilz selbst. Wie bereits erwähnt ist der Kombucha-„Pilz" eine Symbiose aus Bakterien und Hefen. Zur Gewinnung der Kombucha-Tropfen wird aus jungen, meist noch farblosen Kulturschichten, in denen die Millionen Mikroorganismen der Symbiose leben, ein Pressextrakt hergestellt – also eine Art Enzym-Konzentrat.

Der Grund für die Entwicklung der Kombucha-Tropfen war der Restzuckergehalt im Gärgetränk. Um jedes Risiko für Zuckerkranke zu vermeiden, hatte man nach einem Ersatz gesucht. Bereits in den 20er-Jahren waren Experimente mit Kombucha-Extrakten gemacht worden. Ärzte stellten in Studien höchst erstaunliche positive Wirkungen auf Blutfettwerte, Nieren- und Blasensteine fest.

Die heute erhältlichen Kombucha-Tropfen sind mit geringen Mengen Alkohol konserviert.

Besonderheit des Produkts: Pressextrakt der Kombucha-Kultur; kein Zuckergehalt

Erhältlich: *Original Kombucha-Tropfen nach Dr. Sklenar®*: vor allem in Reformhäusern erhältlich; Auskünfte zu Bezugsquellen: Dr. med. Sklenar Bio-Produkte GmbH, Josef-Baumann-Straße 39, D-44805 Bochum, Tel.: 02 34/89 16 60, Fax: 8 91 66 66

Dr. rer. nat. Meixner's Combucha®-Elixier: vor allem im Direktbezug: Interpilz Dr. Meixner GmbH, Sonntagweg 6c, D-70569 Stuttgart, Tel.: 07 11/ 6 87 66 06, Fax: 07 11/6 78 83 80

Kwass-Fertiggetränke

Der Name Kwass wird heute als Überbegriff für Getränke verwendet, die durch eine milchsaure Gärung ähnlich wie bei der Herstellung von Sauerkraut entstehen. In zahlreichen Kulturen der Erde waren solche Getränke bekannt, allerdings ist das Wissen darum vielfach verloren gegangen. Die bis heute lebendigste Tradition der Herstellung besteht in Russland; dorther stammt auch der Name „Kwass", was so viel wie „Säure" bedeutet.

Bereits vor rund 2 000 Jahren wurde in griechischen und römischen Schriften zumindest die Herstellung von Sauerkraut erwähnt, so zum Beispiel von dem griechischen Arzt Dioskurides (1. Jahrhundert n. Chr.) in seiner Arzneimittelkunde, die über 1 000 Jahre lang das maßgebende Lehrbuch blieb sowie von dem römischen Schriftsteller Plinius d. J. (61–113).

Erste Erwähnungen eines milchsauren Getränks finden sich in den fast 1 000 Jahre alten Klosterschriften des Heiligen Wladimir, jedoch muss die in der alten Welt weit verbreitete Tradition noch bedeutend älter sein. Bereits zur Zeit Karls des Großen (768–814) begann man allerdings Hopfen zuzusetzen, was die Milchsäurebakterien unterdrückt und so die Alkoholbildung durch Hefen fördert – das Bier eroberte Westeuropa und löste die milchsauren Getränke ab.

In Osteuropa behielt man hingegen bis heute das „Brauen" milchsaurer Kwass-Getränke bei. Freilich unterschieden sich diese Produkte mitunter grundlegend voneinander. Verwendet wurde praktisch alles, was an Essbarem zur Verfügung stand: Weizen, Roggen, Gerste oder altes Brot, Buchweizen und auch Gemüse wie Rote Bete und Mohrrüben sowie verschiedene Gewürze, darunter vor allem die Pfefferminze. Unter den Kosaken soll auch der Zusatz von Zucker bzw. Honig beliebt gewesen sein, um einen alkoholhaltigen, berauschenden Kwass zu erhalten. Die notwendigen Milchsäurebakterien zur Ansäuerung erhielt man durch die Zugabe von Sauerkraut oder Sauerkrautsaft. (So variierte mit den Inhaltsstoffen und dem erwünschten Gärergebnis auch die Gärdauer gravierend. Sie konnte und kann von wenigen Tagen bis zu sechs Monaten und länger dauern.)

Neben dieser im Volk erhaltenen Tradition gibt es noch eine zweite Überlieferungslinie des Wissens um die heilenden Kräfte, die sich durch Milchsäuregärung entfalten können: die der Alchemie. Ihre sehr umfangreichen Kenntnisse über die verschiedenen Einflüsse auf den Gärprozess wurden jedoch stets nur mündlich von Meister zu Schüler weitergegeben oder in Symbolen verschlüsselt. So blieb das alchemistische Wissen auf einen kleinen Kreis Eingeweihter beschränkt und ist bis heute von Missverständnissen begleitet.

Kanne-Brottrunk® und Brolacta®

Der deutsche Klassiker unter den Kwass-Getränken ist der von Bäckermeister Wilhelm Kanne sen. 1979 entwickelte *Kanne-Brottrunk*® (eine nur in Apotheken erhältliche Version davon ist *Brolacta*®). Er wird aus einem Brot, das aus Weizen, Roggen und Hafer besteht sowie chlorfreiem Wasser aus eigenem Brunnen hergestellt. Das Brot wird vier bis sechs Monate lang milchsauer vergoren bis die Flüssigkeit einen pH-Wert von 2,9 besitzt. Das Getreide dafür wird rein biologisch von Vertragsbauern angebaut. Einziges Spritzmittel ist „Kanne-Fermentgetreide flüssig", der wieder verflüssigte feste Gärungsrest bei der Brottrunk-Herstellung. Das Getreide wird erst kurz vor dem Verbacken in hauseigener Mühle gemahlen, damit die Vitalstoffe erhalten bleiben. Zahlreiche wissenschaftliche Untersuchungen belegen die positive Wirkung auf die Gesundheit.

Besonderheit des Produkts: es ist besonders lange vergoren und hat deshalb auch einen sehr niedrigen pH-Wert und einen hohen Gehalt an Enzymen, Milchsäurebakterien und damit auch an Biophotonen.

Erhältlich: in Reformhäusern und Naturkostläden (*Brolacta*® nur in Apotheken); Auskünfte zu Bezugsquellen bei: Kanne Brottrunk GmbH & Co. Betriebsgesellschaft KG, Im Geistwinkel 40, D-44534 Lünen, Tel.: 0 25 92/9 74 00, Fax:0 25 92/6 13 70

Heirler Molke-Kwass

Der grundsätzliche Unterschied zu anderen Kwass-Getränken besteht in der Verwendung von Molke statt Wasser, was einen höheren Gehalt an Mineralien wie Kalium, Kalzium, Magnesium und Phosphor zur Folge hat.

Bei der Herstellung von Molke-Kwass wird Frischmolke wärmebehandelt und unter Zusatz von Apfeldicksaft, Sauerteig, Vollkorn und Haselnüssen fermentiert. Zudem wird ein ungesalzenes Vollkornbrot aus rückstandskontrolliertem Bio-Getreide verwendet. Im Unterschied zum normalen Kwass, der in der Regel mehrere Monate gärt, wird der *Heirler Molke-Kwass* nur einige Stunden lang vergoren. Wenn er einen pH-Wert von 3,5 bis 4,0 hat, wird die Gärung unterbrochen. Das so erhaltene Getränk wird vor dem Abfüllen nochmals kurz wärmebehandelt.

Besonderheit des Produkts: ein besonders hoher Gehalt an Kalium und Kalzium, die als basenbildende Mineralien zur Regulierung des Säure-Basen-Haushaltes beitragen

Erhältlich: in Reformhäusern und Naturkostläden; Auskünfte zu Bezugsquellen: Heirler GmbH, Güttinger Straße 23, D-78315 Radolfszell, Tel.:
0 77 32/80 70, Fax: 0 77 32/80 72 01

Weitere milchsaure Fertiggetränke

Neben dem im gesamten deutschsprachigen Raum erhältlichen *Kanne-Brottrunk* und *Heirler Molke-Kwass* gibt es noch weitere, nur regional in Reformhäusern oder Naturkostlädern erhältliche Kwass-Fertiggetränke wie den
Dülsen Steinofenbäcker-Trunk, Kase's Brotgetränk und *Kwass.*

Eden-Gemüsesäfte

Kein ausgesprochenes Kwass-Getränk, aber doch eine Variante der milchsauer vergorenen Enzym-Getränke sind schließlich noch spezielle Gemüsesäf-
te. Der bekannteste unter ihnen ist der Sauerkrautsaft, der von mehreren Fir-
men angeboten wird. Andere milchsaure Säfte sind selten, vor allem von der
Firma „Eden" werden derartige Gärsäfte im gesamten deutschsprachigen
Raum angeboten. Hervorzuheben ist hier vor allem der leicht milchsaure
Rote-Bete-Saft, dem ein positiver Einfluss auf das Blut zugesprochen wird
sowie der *Fitneß-Kur-Cocktail* nach einem Rezept des Naturarztes Manfred
Köhnlechner.
Besonderheit des Produkts: milchsauer vergorene reine Gemüsesäfte aus bio-
logischem Anbau
Erhältlich: vor allem in Reformhäusern, Naturkostläden und Drogerien;
Auskünfte zu Bezugsquellen: Eden Waren GmbH, Postfach: 1353,
D-29203 Celle, Tel.: 0 51 41/9 64 74, Fax: 0 51 41/96 48 73

Kefir-Fertiggetränke

Der Kefir gelangte erst sehr spät nach Europa. Noch bis ins 19. Jahrhundert hinein soll er nur in seinem Ursprungsgebiet im Kaukasus bekannt gewesen sein. Als Entdecker des Kefir-Pilzes, der auch kein Pilz, sondern eine Symbiose verschiedener Bakterien und Hefen ist, gilt das Volk der Osseten. Einst soll sich Milch bei Transporten in den dort üblichen Behältnissen aus Tierhaut spontan in etwas völlig Neues verwandelt haben: ein dickflüssiges Getränk, der Kefir, war entstanden. Bei den Osseten galt dieses Getränk fortan als wahres Gesundheitswunder. Besonders große Heilkräfte werden dem Kefir aus Ziegenmilch zugeschrieben. Ihren religiösen Vorstellungen zufolge sei den Muslimen der Kefir von ihrem Propheten „übergeben" worden – als Symbol der Unsterblichkeit und des rechten Glaubens.

Erst Mitte des 19. Jahrhunderts begannen sich russische Wissenschaftler für das Milchprodukt zu interessieren, wodurch es innerhalb weniger Jahrzehnte weltweit bekannt wurde.

Anders als bei Kombucha- oder Kwass-Getränken gibt es zwischen den Kefir-Fertiggetränken keine größeren Unterschiede in Herstellungsverfahren und Ausgangsstoffen. Es wird fast immer ausschließlich Kuhmilch verwendet. Allerdings werden mitunter Früchte und Zucker zugesetzt. Letzterer ist unter dem Gesichtspunkt einer gesundheitlich positiven Wirkung nicht sinnvoll.

Die Kefir-Produkte können sich in ihrer verschieden festen Konsistenz unterscheiden. Dickflüssiger oder stichfester Kefir kann durch Zugabe von Wasser auf einfache Weise wieder in ein Getränk verwandelt werden.

Während Kombucha- und Kwass-Getränke in der Regel nicht wärmebehandelt sind, ist dies bei Kefir leider oft anders. Bei der Auswahl eines Kefir-Fertiggetränks sollte daher auf entsprechende Angaben und den Vermerk „mit lebenden Milchsäure-Kulturen" geachtet werden.

Super-Ohtaka-Fertiggetränk

Das japanische *Super-Ohtaka* nimmt eine gewisse Sonderstellung unter den Enzym-Gärgetränken ein. Sein Herstellungsverfahren mit Zuckerauszug (Mazerat) und Vergärung wurde komplett neu entwickelt. Ähnlichkeiten finden sich lediglich beim bekannten Einlegen und Kandieren von Früchten in Zucker. Auch dabei gehen enzymatische Prozesse vor sich, jedoch fehlt die Gärung.

Super-Ohtaka wurde in den 50er-Jahren von dem Apotheker Noburo Ohtaka (1913–1988) entwickelt. Bereits seit seinem 17. Lebensjahr hatte Ohtaka mit Fermentationsprozessen experimentiert. Bis zur Entwicklung von *Super-Ohtaka* schuf er unter anderem eine Methode, um durch Vergärungsprozesse eine Bodenverbesserung und Erhöhung der Bodentemperatur zu erzielen. Diese erfolgreichen Forschungen brachten ihm die Unterstützung japanischer Wissenschaftler, Mediziner und Laboratorien ein.

Bei der Herstellung von *Super-Ohtaka* werden über 60 verschiedene Sorten rohes Gemüse, Obst, Kräuter, Keimlinge und Sprossen, Algen und Pilze in einen Behälter aus Zedernholz geschichtet. Alle Pflanzen stammen aus kontrolliert-biologischem Anbau auf Hokkaido. Obenauf wird eine Lage aus unterschiedlichen Zuckerarten gestreut. Innerhalb von 7 bis 10 Tagen erfolgt täglich ein Temperaturwechsel zwischen −5° und +40° Celsius, der den Klimawechsel zwischen Frühling, Sommer, Herbst und Winter imitieren soll. Dadurch verflüssigt sich das Zuckergemisch und nimmt Enzyme, Vitamine, Mineralien und Aromastoffe auf. Diese Flüssigkeit wird ohne Zugabe von Wasser etwa sechs Monate lang bei einer Temperatur von 37° Celsius, also etwa bei Körpertemperatur des Menschen, in einem mit Keramik beschichteten Tank vergoren, wodurch die Zuckerarten in Fruchtzucker und Glucose umgewandelt werden. Das so entstandene Konzentrat mit einem pH-Wert von 3,0 bis 3,5 hat eine dickflüssige, likörähnliche Konsistenz und einen sehr süßen Geschmack.

Besonderheit des Produkts: Laut Untersuchungen enthält *Super-Ohtaka* zirka 250 verschiedene Enzyme, von denen 35 nach den internationalen Richtlinien genau identifiziert werden konnten. Aufgrund dieser hohen Anzahl wird das Getränk als „Enzym-Konzentrat" bezeichnet. Viele der identifizierten Enzyme erfüllen eine zentrale Rolle im Energiestoffwechsel des Menschen – zum Beispiel im Zitronensäurezyklus, bei dem Protein-, Fett- und Kohlenhydrat-Stoffwechsel zusammenlaufen und durch den zwei Drittel der für Zellfunktionen benötigten Energie gewonnen werden. Dadurch kann das Enzym-Getränk bei vielen Erkrankungen, die mit einer Störung des Stoffwechsels zusammenhängen, regulierend eingreifen.

Erhältlich: über Heilpraktiker oder direkt von Gruber's Ernährungsstudio, Ohtaka-Generalimporteur für Europa, Eibenstraße 12, D-85416 Niederhummel, Tel.: 0 87 61/50 01, Fax: 0 87 61/42 62

Die eigene Herstellung

Kombucha

Die einfachste Methode, ein wirksames Enzym-Gärgetränk selbst herzu-
stellen, nutzt den natürlichen „Appetit" der im Kombucha-Pilz zusam-
menlebenden Bakterien und Hefen. Mit ihrer Hilfe kann man auf einfache
Weise etwa alle zehn Tage einen Power-Cocktail für die Gesundheit „ernten".

Was man alles braucht

Sie benötigen:
- einen Kombucha-Pilz (Bezugsquellen S. 124)
- ein Zwei- bis Drei-Liter-Glas als Gärgefäß (von eher breiter, bauchiger Form)
- ein luftdurchlässiges Tuch oder eine dünne Mullschicht und einen Gummiring zur Befestigung
- Zucker und/oder Honig
- grünen Tee, Schwarz- oder Kräutertee
- wenn das Getränk fertig ist, einige Flaschen mit Schraubverschluss zum Abfüllen

---

TIPP: Achten Sie darauf, einen Kombucha-Pilz mit intakter Symbiose
von Bakterien und Hefen zu verwenden – dies ist die Grundvoraus-
setzung für ein gesundes Getränk. Bei Kulturen, die privat weitergegeben werden, kann man sich dessen nicht immer sicher sein. Hier können zum Beispiel die Essigsäure produzierenden Bakterien überwiegen.
Beziehen sie daher Ihre erste Kultur von professionellen Kombucha-
Herstellern oder zumindest jemandem, dessen Getränk Sie kennen.

Das Grundrezept

Kochen Sie in üblicher Weise einen Tee.

◆ Auf 1 Liter Wasser kommen dabei etwa 2 Teelöffel grüner Tee, Schwarz- oder Kräutertee und rund 100 g Zucker (zwischen 70 bis 125 g je nach Wunsch sind empfehlenswert; die Süße des Getränks kann jedoch auch durch die Dauer der Gärung gezielt beeinflusst werden).

◆ Den gesüßten Tee auf Handwärme (zirka 37° Celsius) abkühlen lassen und in das saubere Gärglas gießen.

◆ Fertiges Kombucha-Getränk etwa im Verhältnis 1:10 (wird beim Bezug des Pilzes mitgeliefert, später vom vorherigen Ansatz aufbewahren) dazugießen – im Glas zirka 3 cm hoch – und den Pilz obenauf legen. Oftmals sinkt der Pilz beim Neuansatz zunächst zu Boden. Bleibt er dort, so bildet sich an der Oberfläche eine neue Gallertschicht.

◆ Das Glas mit dünnem Mull oder einem leichten Tuch, zum Beispiel einem Stofftaschentuch, abdecken und mithilfe eines Gummis randdicht verschließen, um den Kombucha vor Essigfliegen und anderen Insekten sowie gegen Staub zu schützen.

◆ Das Gefäß an einen ruhigen, warmen Platz stellen (zwischen 18° und 28° Celsius, ideal sind zirka 23°). Die Temperatur bestimmt, welche Bakterien und Hefen am aktivsten sind. Der Standort sollte nicht direktem Sonnenlicht ausgesetzt sein, dies kann dem Pilz ebenso schaden wie Zigarettenrauch. Ein Standort ohne Tageslicht ist nicht von Nachteil.

In den Heimatländern von Tee und Kombucha wird das Gärgetränk seit über 1 000 Jahren mit einem Ansatz aus grünem Tee zubereitet. Als sich Kombucha Anfang des Jahrhunderts bei uns verbreitete, wurde hier fast ausschließlich Schwarztee getrunken und daher auch der Kombucha damit angesetzt. Seitdem gilt auch dieser Ansatz als „klassisch". Manche Menschen vertragen jedoch Kombucha aus Schwarztee nicht, sie bekommen Herzklopfen und werden nervös.

Wollen Sie weder grünen noch schwarzen Tee verwenden, können auch verschiedene gesüßte Kräutertees dem Kombucha als Nahrung dienen. Mit individuell nach den jeweiligen gesundheitlichen Beschwerden ausgewählten Heiltees lassen sich noch zusätzliche, gezielte Impulse für eine Heilung setzen (siehe im Rezeptteil „Beschwerden von A bis Z" S. 101 f.).

TIPP 1: Ersetzen Sie den weißen oder braunen Zucker zur Hälfte durch Traubenzucker. Dadurch entsteht weniger Essigsäure und es werden mehr Glukonsäure, Milchsäure und andere auf die Gesundheit positiv wirkende Stoffe gebildet.

TIPP 2: Wollen Sie individuelle Kräutermischungen für den Gäransatz zusammenstellen, sollten Sie dem grünen oder schwarzen Tee zunächst nur kleinere Mengen an Kräutern (maximal 50 Prozent der Gesamtmenge) hinzufügen – zumindest so lange, bis Sie einige Erfahrungen mit der Kombucha-Gärung gesammelt haben. Manche Pflanzen können nämlich durch den Gehalt an ätherischen Ölen die Symbiose des Pilzes stören und ihn dadurch unbrauchbar machen. Bei den im Rezeptteil genannten Kräuter-Standardmischungen brauchen Sie dies allerdings nicht zu befürchten.

Die richtige Gärdauer

Es ist spannend, täglich zu kosten, wie sich der Geschmack im Laufe der Gärzeit verändert. Mit einem Strohhalm oder durch vorsichtiges Abnehmen per Schöpfkelle ist dies leicht möglich. Schmeckt es wie säuerlicher Wein – je nach Temperatur und persönlichem Geschmack nach etwa acht bis zwölf Tagen – wird die Gärung unterbrochen und das Getränk abgefüllt.

Bis zu diesem Zeitpunkt haben die Enzyme von Hefen und Bakterien den Zucker zu etwa zwei Dritteln umgewandelt. Dies geschieht in mehreren Stufen. So nimmt nach den 1987 von Dr. Jürgen Reiß, Mikrobiologisches Institut Grahamhaus Studt KG, Bad Kreuznach, durchgeführten Untersuchungen zwischen dem fünften und achten Tag der Gärung zunächst der Gehalt an Glucose (Traubenzucker) stark zu.

Mit etwa einem Tag Verzögerung beginnen parallel dazu auch diejenigen enzymatischen Prozesse, die wiederum die Glucose verwandeln. Der Gehalt an rechtsdrehender Milchsäure, Glukonsäure und anderer für die Gesundheit förderlicher Substanzen wächst an, während der pH-Wert sinkt – das Getränk wird sauer.

Je nach persönlichem Geschmack, ob eher süß oder säuerlicher, gilt es den richtigen Zeitpunkt fürs Abfüllen zu finden. Dabei kann man den Gehalt an gesundheitsfördernden Stoffwechselprodukten der Kombucha-Symbiose durch die Zuckermenge im Ansatz und die Gärdauer beeinflussen:

♦ Wenig Zucker und kurze Gärung ergibt:
 wenig Restzucker und wenige Stoffwechselprodukte.
♦ Viel Zucker und kurze Gärung ergibt:
 viel Restzucker und etwas mehr Stoffwechselprodukte.
♦ Wenig Zucker und lange Gärung ergibt:
 fast keinen Restzucker und etwas mehr Stoffwechselprodukte.
♦ Viel Zucker und lange Gärung ergibt:
 wenig Restzucker und viele Stoffwechselprodukte.

Wenn man mit dem regelmäßigen Genuss von Enzym-Gärgetränken beginnt, kann es, wie eingangs beschrieben, durch die beginnende Entschlackung zu so genannten Heilreaktionen kommen. Die Stärke solcher Reaktionen scheint nach Erfahrungen von Anwendern und Heilpraktikern auch mit dem Säuerungsgrad des Getränks und dem Grad der individuellen Übersäuerung und Störung der Darmflora zusammenzuhängen. Zu Beginn sollte das Getränk daher nicht zu sauer schmecken. Erfahrungsgemäß verändert sich im Laufe der Zeit das Empfinden, was sauer schmeckt und die Getränke werden automatisch säuerlicher.

> TIPP: Den Säuerungsgrad können Sie mit einem ph-Indikatorstäbchen messen. Kombucha sollte im sauren ph-Bereich zwischen 2,5 bis 4 liegen (neutral ist ein pH-Wert von 7). Die meisten Fertiggetränke haben Werte zwischen 3 und 3,5. Eine Veränderung des pH-Wertes von 4 auf 3 bzw. von 3 auf 2 bedeutet, das Getränk wird 10-mal saurer.

Die Aufbewahrung des Getränks

Wenn die gewünschte Säuerung nach acht bis zwölf Tagen erreicht ist, wird der fertige Kombucha in Flaschen abgefüllt. Durch ein Aufbewahren im Kühlschrank wird die Nachgärung reduziert und das Enzym-Getränk ist problemlos drei bis vier Wochen haltbar. Kombucha konserviert sich nämlich auf natürliche Weise weitgehend selbst – vor allem durch die entstehenden organischen Säuren wie Milch- und Essigsäure. In diesem sauren Milieu der Gärflüssigkeit haben andere Mikroorganismen kaum Chancen, sich anzusiedeln.

Auch außerhalb des Kühlschranks kann das verschlossene Getränk gut eine Woche aufbewahrt werden und man kann sogar absichtlich noch eine Nachgärung in der Flasche herbeiführen (siehe Tipp 3 S. 72).

Manche Kombucha-Trinker stören sich an Restfäden von Hefepilzen im Getränk und filtern es deshalb beim Abfüllen durch ein dichtes Tuch oder einen Papier-Tee- oder Kaffeefilter. Sinnvoller ist es jedoch, das Enzymgetränk nur durch ein normales Küchensieb abzugießen, damit die in der Flüssigkeit befindlichen Hefezellen darin bleiben. Ihnen wird eine positive Wirkung auf die Darmflora und damit auf das Immunsystem zugesprochen.

Nach dem Abgießen verfahren Sie wie beim ersten Ansatz. Dabei unbedingt an das Ansäuern, das heißt an das Zugießen des (ersten selbst erzeugten!) Getränks denken. Der Kombucha-Pilz kann unter fließendem, höchstens handwarmem Wasser abgespült werden. Ist das Wasser jedoch zu sehr gechlort, sollte es vorher abgekocht werden. Meist genügt es aber, eventuelle dunkle Hefefäden einfach mit der Hand abzuwischen.

Etwa bei jedem zweiten bis dritten Ansatz sollte auch der Bodensatz aus Hefen im Gärglas entfernt und das Glas gründlich mit Wasser ausgespült werden – dabei bitte kein Spülmittel verwenden, sondern etwa nach jedem sechsten bis zehnten Ansatz mit hochprozentigem Alkohol ausschwenken oder mit heißem Wasser und etwas Backpulver spülen.

Eine kleine Menge Hefen am Boden stellt kein Problem dar. Diese sorgen lediglich für einen schnellen Start des Gärprozesses, vergrößern den Gehalt an Kohlensäure und begrenzen die Säurebildung.

Tipp 1: Möchten Sie zum Beispiel bei Urlaubsreisen oder in den heißen Sommerwochen sicher gehen, dass sich das fertige Kombucha-Getränk nicht negativ verändert, können Sie die Haltbarkeit durch Zugabe einer kleinen Menge Vitamin C (am besten pflanzliches Vitamin C in Pulverform, Schlehdornsaft oder Ähnliches) verlängern.

Tipp 2: Bei Zimmertemperatur bildet sich durch die natürliche Nachgärung in der Flasche um so mehr Kohlensäure je länger das Getränk steht. Dies gibt dem Kombucha eine prickelnde Note.

Tipp 3: Wollen Sie ein besonders aromatisches Getränk, geben Sie eine geringe Menge gedünstetes Obst (kein rohes wegen der Gefahr von unerwünschten Fremdkeimen und zu starker Nachgärung) mit in die Flasche und lassen sie das abgefüllte Enzym-Getränk noch etwa drei bis fünf Tage bei Zimmertemperatur nachgären.

Einen neuen Pilz züchten

„Pilz-Nachwuchs" ist kein Problem. Die Kombucha-Symbiose besitzt nämlich die vorteilhafte Eigenschaft, sich selbst immer wieder zu erneuern.

Schon nach wenigen Ansätzen hat der Pilz seine Dicke verdoppelt, so dass er geteilt werden kann. Die oberste Schicht ist immer die jüngste; sie wird weiterverwendet. Durch den Schichtaufbau kann die untere Hälfte problemlos abgetrennt werden – meist sogar ohne Zuhilfenahme eines Messers. Das Trennen sollte spätestens dann geschehen, wenn sich die unteren Lagen braun verfärben.

Wenn der Pilz beim Neuansatz am Boden des Gefäßes liegen bleibt, steigen feine Pilzfäden auf und bilden an der Oberfläche einen neuen Pilz. Dies geschieht jedoch nicht immer und hängt unter anderem von der Wasserhärte, der Oberflächenspannung des Wassers und den Gaseinschlüssen zwischen den Pilzschichten ab. Man kann diesen Effekt aber auch herbeiführen, indem man den Pilz mit einem abgekochten Kieselstein oder einem mit Salzwasser gereinigten Bergkristall beschwert und so am Boden hält.

Wie viel Kombucha täglich?

Es genügt, täglich ein bis maximal drei Weingläser (zirka 100 bis 300 ml) Kombucha zu trinken – morgens nüchtern, mittags und abends nach den Mahlzeiten. Viel hilft nicht auch viel, der regelmäßige Genuss selbst kleiner Mengen ist wichtiger. Nach Erfahrungen aus der Naturheilkunde ist ein über längere Zeit hinweg gegebener sanfter Heilreiz wirksamer als ein starker kurzzeitiger Einfluss.

Etwas anderer Meinung bezüglich der Trinkmengen war Dr. Rudolf Sklenar. Er empfahl zur Unterstützung in der Therapie schwerer Erkrankungen wie zum Beispiel bei Vorstadien von Krebs, dreimal täglich ¼ Liter und bei diagnostiziertem Krebs bis zu 1 Liter täglich. Wenn der Körper jedoch sehr übersäuert ist (siehe dazu im ersten Teil des Buches), kann es – je nach Säuregrad des Kombucha-Getränks – zu einer zu starken Mobilisierung alter Säureschlacken kommen. Diese können dann unter Umständen nicht genügend durch Basenmineralien aus der Nahrung neutralisiert und ausgeschieden werden. Bei größeren Trinkmengen sollte daher unbedingt, wie eingangs beschrieben, der pH-Wert des Urins kontrolliert und auf eine enzym- und basenreiche Ernährung geachtet werden.

Der Alkoholgehalt – ein Problem?

Ziel der Gärung ist es, die Alkoholmenge möglichst gering zu halten. Sein Gehalt hängt von der Menge des Zuckers, der Gärdauer und der Temperatur ab. Nimmt man die empfohlene Höchstmenge an Zucker von 125 g pro Liter, kann der Alkoholgehalt nach acht bis zehn Tagen 0,8 bis 1,5 Prozent betragen und nach 14 Tagen auf etwa 2 Prozent anwachsen. Bei einer mittleren Zuckermenge von 90 bis 100 g wird der Alkoholgehalt nach einer Gärdauer von zehn Tagen bei zirka 0,5 Prozent liegen. Dies entspricht in etwa einem „alkoholfreien" Bier. Nach Auskunft von Fertiggetränk-Herstellern liegt bei ihren Produkten der Alkoholgehalt zwischen 0,05 und 0,5 Prozent.

Aufgrund der geringen Kombucha-Menge, die man trinkt, ist der Alkoholgehalt normalerweise unschädlich und auch für Kinder und bei gleichzeitiger Einnahme von Medikamenten unbedenklich. Eine Ausnahme bilden „trockene" Alkoholkranke; nach Meinung der meisten Ärzte und Heilpraktiker, die Kombucha zur Therapiebegleitung empfehlen, könnte der geringe Alkoholgehalt für sie eine Gefährdung darstellen.

Zucker oder Honig?

Warum kann Zucker als Ausgangsstoff für ein Getränk mit so erstaunlich positiven Wirkungen auf die Gesundheit dienen und sollte er nicht besser durch Honig oder Fruchtzucker ersetzt werden? Dies haben sich bereits viele Anwender gefragt. Bekanntlich stellt der Konsum von Industriezucker ein großes Gesundheitsproblem in der heutigen Ernährung dar. Im Laufe der Gärung wird er jedoch zum Großteil von den Enzymen der Bakterien und Hefen umgewandelt – zunächst in Traubenzucker und dieser wiederum in die anderen für die gesundheitliche Harmonisierung wichtigen Stoffwechselprodukte der Enzyme. In verschiedenen Untersuchungen wurde festgestellt, dass der Gehalt an Glukonsäure – dies ist ein leicht oxidierter Traubenzucker, wie er auch im menschlichen Stoffwechsel als Zwischenprodukt entsteht – bei Verwendung von Traubenzucker als Ausgangssüße am größten ist. Bei Rohrzucker beträgt das Verhältnis von Glukonsäure zu der weniger erwünschten Essigsäure etwa 1:1 und bei Fruchtzucker wird fast ausschließlich Essig- statt Glukonsäure gebildet. Zur Verwendung von Honig, der meist Frucht- und Traubenzucker zu etwa gleichen Teilen enthält, liegen keine Testergebnisse vor. Man kann nur vermuten, dass aufgrund der Zuckermischung auch die Mengenanteile an Glukon und Essigsäure etwa gleich groß sind. Dies spricht zunächst gegen die ausschließliche Verwendung von Honig.

Ein zweites Problem bei der Verwendung von Honig sind die in ihm enthaltenen Stoffe mit bakterienhemmender Wirkung. Durch sie kann die Symbiose der Kombuchakultur negativ verändert werden oder sogar ganz zusammenbrechen. Die Honigmenge sollte daher schrittweise gesteigert werden, damit sich die Bakterien langsam an diese Stoffe anpassen können. Bei der Verwendung von Honig wird es auch wichtiger, eine gleichbleibende Temperatur von etwa 24° Celsius einzuhalten (auch nachts).

Trotz dieser Probleme könnte die Verwendung von Honig im Hinblick auf eine gesundheitliche Wirkung des Getränks interessant sein.

TIPP 1: Im Streit um den Zucker hat sich folgender Kompromiss in der Praxis bewährt: Für ein Drittel der Zuckermenge verwenden Sie Traubenzucker, damit der Anteil an für die Gesundheit wichtigen Inhaltsstoffen im Kombucha-Geränk möglichst hoch ist. Die beiden anderen Drittel kombinieren Sie aus Honig und braunem Vollrohrzucker.

TIPP 2: Wollen Sie das Getränk vollständig aus Honig herstellen, experimentieren Sie erst mit einem der Tochterpilze, die Sie bald „ernten" können. Den Mutterpilz züchten Sie normal mit Zucker weiter, um im Notfall einen Ersatz zu haben.

Macht Kombucha dick?

Kombucha hat eine regulierende Wirkung auf den Stoffwechsel und es wird sich dadurch nach und nach das persönliche Idealgewicht einstellen. In einer Übergangsphase kann es aber, wie einzelne Anwender berichten, zu einer Zunahme um 2 bis 4 kg Körpergewicht kommen. Dies liegt nicht am Kaloriengehalt des Enzym-Getränks, denn dieser ist gering. Je nach Gärdauer und damit Restzuckermenge enthält es zwischen 70 und 130 Kalorien (300 bis 500 Kilojoule) pro Liter und damit weit weniger als Fruchtsäfte (naturtrüber Apfelsaft hat rund 450 Kalorien, 2 000 Kilojoule pro Liter). Bei normaler Trinkmenge sind dies 45 bis 90 Kalorien pro Tag.

Wer Gewichtsprobleme hat, kann aber dennoch die Kalorienmenge reduzieren, indem er die geringste empfohlene Zuckermenge von 70 g pro Liter wählt.

Der Zuckergehalt – Problem bei Diabetes und Candida?

Die meisten Ärzte und Heilpraktiker raten Diabetikern vom Genuss des Kombucha-Getränks ab. Als Ersatz gibt es spezielle Kombucha-Tropfen für sie. Dabei handelt es sich jedoch nicht wie beim Getränk um die Gärprodukte der Pilzsymbiose, sondern um den ausgepressten Pilz selbst (siehe im Kapitel „Neue und alte Zaubertränke").

Im Unterschied dazu sieht der Naturarzt Dr. Johann Abele, langjähriger ärztlicher Leiter des Sanatoriums für natürliche Heilweisen Schloss Lindau in Schwäbisch Gmünd, Ehrenpräsident der deutschen Naturärzte, unter gewissen Bedingungen zumindest bei normaler Altersdiabetes keinen Grund für einen Verzicht auf Kombucha-Getränke. Voraussetzung dafür ist jedoch, wie er betont, sich streng diätetisch nach den Richtlinien etwa von Kollath oder Bircher-Benner zu ernähren. Wer sich nach der eingangs beschriebenen Enzym-„Powerkost" ernährt, dürfte ebenfalls keine Probleme bekommen. Dennoch sollten Diabetiker gerade in den ersten Wochen, in denen sie Kombucha trinken, ihre Werte unbedingt kontrollieren.

Dr. Abele empfiehlt zudem, das Kombucha-Getränk länger gären zu lassen (12 bis 14 Tage) und die Menge des Ausgangszuckers zu verringern (zirka 40 g pro Liter). Auch sei die empfohlene tägliche Menge von maximal drei Weingläsern unbedingt einzuhalten.

Zucker stellt auch bei Candida-Pilzerkrankungen ein Problem dar. Die Candida-Hefepilze befallen vor allem Darm und Scheide und können bei Überhandnahme zu gefährlichen Gesundheitsstörungen führen. Industriezucker aber ist für Candida die optimale Nahrung. Sollte daher bei Candida auf Kombucha verzichtet werden? Nein, im Gegenteil, Kombucha ist sogar ein Mittel, das begleitend zu einer vom Therapeuten verordneten Behandlung zur wirklichen Ausheilung beiträgt. Der Grund dafür ist, dass chronische Erkrankungen wie Candida mit Störungen im Stoffwechsel und Säure-Basen-Haushalt in Zusammenhang stehen. Kombucha kann aber bei langfristiger Anwendung solche Störungen regulieren helfen.

Vielleicht noch wichtiger ist im Zusammenhang mit Candida die entgiftende Wirkung des Kombucha. Wie Forschungen von Dr. Thomas Rau, dem ärztlichen Leiter der Paracelsus-Klinik in Lustmühle bei St. Gallen/Schweiz, ergaben, ist Candida nämlich keineswegs nur ein krank machender Parasit im menschlichen Körper, der möglichst schnell ausgemerzt werden muss. Vielmehr erfüllen die Candida-Pilze eine Funktion für den Körper – sie binden giftige Schwermetalle wie zum Beispiel Quecksilber (vor allem aus Zahnamalgam stammend).

TIPP: Sie können die entgiftende Wirkung des Kombucha-Getränks durch die Verwendung von Traubenzucker im Ansatz (bis zu zwei Drittel des Zuckers) erhöhen, dem Teeansatz entgiftend wirkende und die Ausleitung unterstützende Kräuter wie Brennnessel und Klette beigeben und grünen statt Schwarztee verwenden (siehe auch im Rezeptteil S. 98 f.).

Welcher Tee ist der richtige?

Traditionell wird Kombucha seit über 1 000 Jahren mit grünem Tee und in Europa vermutlich seit etwa 100 Jahren auch mit Schwarztee, den fermentierten Teeblättern, angesetzt. Empfehlenswert sind Teesorten mit geringem Tein- bzw. Koffeingehalt, da sich die Wirkung aller Inhaltsstoffe durch die Gärung verstärken kann – so auch der anregende Einfluss des Koffeins auf Herz und Kreislauf. Dies ist auch der Grund, warum möglichst Tee aus kontrolliert-biologischem oder traditionell natürlichem Anbau verwendet werden sollte – vor allem bei Grün- und Kräutertees (siehe Bezugsquellen).

Prinzipiell kann Kombucha mit fast jedem Kräuter- oder Fruchttee angesetzt werden (siehe im Rezeptteil). Man muss jedoch bedenken, dass dadurch auch die für den klassischen Kombucha und seine Heilwirkung bewährte Mischung an Inhaltsstoffen verändert wird. Dies heißt nicht, dass so generell eine geringere Wirkung erzielt wird, nur eben eine etwas andere. Wie gravierend die Verschiebung der Inhaltsstoffe bei der ausschließlichen Verwendung von Kräutertee sein kann, zeigen die Untersuchungen von Dr. Jürgen Reiß. Im Vergleich von Schwarztee mit Lindenblüten- und Pfefferminztee zeigte sich, dass bei der Verwendung von Schwarztee im Laufe der Gärung weit größere Mengen der gesundheitlich interessanten rechtsdrehenden Milchsäure und Glukonsäure und im Vergleich zum Lindenblütentee weniger Essigsäure gebildet werden. So entstehen bei Schwarztee 2,94 g Milchsäure und 2,52 g Glukonsäure pro Liter, bei Lindenblüten- und Pfefferminztee hingegen sind dies jeweils unter 0,15 g. Zum grünen Tee liegen keine Vergleiche vor.

Bei der Verwendung mancher Kräutertees, die einen hohen Anteil an ätherischen Ölen enthalten, können Gärung und Bakterien des Kombucha gehemmt und so die Symbiose des Pilzes gestört werden. Zu diesen gehören zum Beispiel Pfefferminze und Salbei, aber auch Fenchel, Johanniskraut, Kamille, Kümmel und Rosmarin. Andere Kräuter erschweren durch ihren Gehalt an Bitterstoffen die natürliche Erneuerung des Pilzes, er wächst kaum noch. Zu diesen Pflanzen gehören Enzianwurzel, Kalmus, Mariendistelsamen (oder Frauendistel), Meisterwurz, Tausendgüldenkraut und Wermut.

Gut geeignet sind hingegen Brennnessel, Brombeer und Erdbeerblätter, Huflattich, Löwenzahn, Malve, Schachtelhalm, Spitzwegerich und Weißdorn sowie Früchtetees.

Im Vergleich verfügt grüner gegenüber schwarzem Tee über deutlich mehr gesundheitlich bedeutsame Inhaltsstoffe . Grüntee enthält je nach Sorte pro 100 g ungefähr 60 bis 250 mg Vitamin C (das übrigens sehr stabil ist; selbst nach einstündigem Kochen gehen nur etwa 10 Prozent verloren), zwischen 13 bis 29 g Karotin (mehr als die gleiche Menge Karotten), 0,3 bis 0,6 g Vitamin B1 und 1,1 bis 1,4 g Vitamin B2 sowie Spuren von Vitamin U – alle werden bei einer Oxidation zu Schwarztee weitgehend zerstört.

Grüntee besitzt zudem noch beachtliche Mengen an Vitamin K und P sowie die so genannten Catechine, die eine 20-mal so starke antioxidative Wirkung besitzen wie der bekannte Radikalfänger Vitamin E. Auch sein Gehalt an Zink ist gesundheitlich interessant, da das Spurenelement als wichtiger Baustein zum Bau von Co-Enzymen benötigt wird. Berühmt geworden ist zudem ein spezielles Enzym im Grüntee, das japanische Wissenschaftler entdeckt haben. Es übt auf hohen Blutdruck und Arteriosklerose einen positiven Einfluss aus. Aufgrund all dieser Vorzüge dürfte daher auch im Kombucha-Ansatz ein Grüntee gegenüber Schwarztee vorteilhafter sein. Wissenschaftliche Vergleiche dazu gibt es allerdings nicht.

Das Geheimnis des richtigen Wassers

Was früher keiner Erwähnung bedurfte, ist heute um so wichtiger: die Qualität des Trinkwassers. Wasserforscher und Umweltschutzorganisationen beklagen, dass das, was heute aus vielen heimischen Leitungen fließt, den Namen Trinkwasser nicht mehr verdient – es sei lediglich ein „hygienisiertes Brauchwasser".

Die oftmals schlechte Qualität des Wassers, mit dem der Tee für den Kombucha-Ansatz aufgegossen wird, wird leider von den meisten privaten Kombucha-Herstellern nicht beachtet. Hingegen sind sich alle Hersteller von Fertiggetränken der zentralen Bedeutung der Wasserqualität für ein hochwertiges Enzym-Gärgetränk bewusst. Sie nutzen verschiedene Verfahren, um die Eigenschaften des Wassers positiv zu verändern (siehe bei den jeweiligen Fertiggetränken).

Nicht nur der allgemein bekannte hohe Nitratgehalt einer zunehmenden Anzahl von Brunnen stellt ein Problem dar. Auch die technische Bearbeitung des Trinkwassers ist bedenklich. Chlorierung und andere Methoden werden angewandt, um die Zahl eventuell krank machender Bakterien zu dezimieren. Diese Wirkung kann so stark sein, dass sozusagen als Nebenwirkung auch erwünschte Bakterien gehemmt werden – wie beispielsweise die Symbiose-Bakterien des Kombucha.

Ein zweites Problem entsteht durch die Besonderheiten des Gärprozesses. Die Verunreinigungen des Wassers wie chemische Spritzmittel aus der Landwirtschaft, Rost aus den Leitungen oder auch ein hoher Kalkgehalt (hoher Härtegrad) könnten ebenso wie die willkommenen Wirkstoffe der Teeansätze durch die Gärung biologisch wirksamer werden, während die wertvollen Heilimpulse und -informationen der Teekräuter durch die Verunreinigungen im Wasser verfälscht oder gemindert werden. Das heißt zwar nicht, dass Kombucha-Getränke aus üblichem Trinkwasser gar keine Heilwirkung hätten – wichtige Inhaltsstoffe wie organische Säuren werden nach wie vor gebildet und wertvolle Enzyme gehen in die Lösung über. Jedoch kann die Wirkung des Getränks mit dem am besten geeigneten Wasser noch sehr deutlich verbessert werden.

Bewährt hat sich Wasser mit einem geringen Mineraliengehalt und hoher elektrochemischer bzw. energetischer Güte, da es die entgiftende Wirkung der Enzym-Gärgetränke unterstützt. Dies ist *das erste Geheimnis des richtigen Wassers*.

Wasser mit höherem Mineralgehalt hingegen behindert die Entgiftung. Viele Menschen, vor allem in Deutschland, glauben immer noch, große Mengen Mineralwasser zu trinken, sei gesund. Dies gilt jedoch nur für vorübergehende, zeitlich begrenzte Trinkkuren, die auf dem Prinzip einer sanften Reiztherapie beruhen, das heißt der Organismus wird durch eine Zufuhr größerer Mineralienmengen dazu angeregt, seinen Elektrolyt- und Säure-Basen-Haushalt neu und – unterstützt durch andere Heilanwendungen wie Diäten – auf ein gesünderes Niveau einzustellen. Beim Dauergenuss solcher Mineralwässer geschieht diese sanfte Reizwirkung jedoch nicht mehr. Im Gegenteil, nach den jahrzehntelangen Forschungen von Dr. Walker (dessen Erkenntnisse entscheidend zur Entstehung der „Fit fürs Leben"-Ernährungsbewegung beigetragen haben), behindern die Wassermineralien die Regulation und Entgiftung des Körpers und können dadurch zur Entstehung von Krampfadern, Arthritis und Herzinfarkt führen. Vereinfacht meinte Dr. Walker, dass der Mensch durch mineralhaltiges Wasser ebenso verkalkt wie die Rohre der Trinkwasserleitungen.

Die eigentliche Aufgabe des Wassers in der Nahrungsaufnahme besteht nämlich nicht in der Mineralienzufuhr – dies geschieht mit festen Speisen weit besser in einer vom Organismus gut aufnehmbaren, gewissermaßen „vorverdauten" Form. Die wirkliche Bedeutung des Wassers liegt in seiner Fähigkeit, als universelles Lösungsmittel für Stoffwechselreste und -schlacken zu dienen. Mineralarmes Wasser hat dabei eine größere Aufnahmefähigkeit als normales Leitungswasser und Mineralwaser.

Die Entschlackung von Stoffwechselresten aber soll auch durch die Enzym-Getränke gefördert werden. Daher ist die Verwendung mineralarmen Wassers im Gäransatz empfehlenswert.

Eine Lösung unseres Trinkwasserproblems ist auf verschiedenen Wegen möglich. Am elegantesten ist wohl der Weg einer eigenen Wassernachbereitung, durch die Sie selbst mineralarmes, sauberes Trinkwasser aus gewöhnlichem Leitungswasser herstellen können. Teetrinker wissen solch „weiches" Wasser aufgrund des besseren Teegeschmacks schon lange zu schätzen. Für die Wassernachbereitung daheim bietet sich in erster Linie die Dampfdestillation an. Mit den dafür erhältlichen, nur etwa 40 cm hohen und 25 cm breiten Geräten können unerwünschte Wasserbeimengungen ebenso wie Kalk und andere Mineralien weitgehend beseitigt werden. Bei der Teebereitung kann so behandeltes Wasser die wertvollen Wirkstoffe und die organisch-gebundenen Spurenelemente der Kräuter besser herauslösen. Schon die Alchimisten nutzten für ihre Gäransätze mehrfach destilliertes Wasser.

Eine solche Wasserreinigung ist auch mit so genannten Umkehr-Osmose-Geräten möglich. Ebenso können hochwirksame Mehrschichtfilter chemische Rückstände wie Pestizide weitgehend entfernen (einfache Standfilter sind dazu nicht in der Lage, bei ihnen ist die Aktivkohleschicht viel zu dünn), jedoch eine wesentliche Verringerung von Nitraten und Mineralien im Wasser ist bei ihnen nur mit aufwändiger Zusatzausrüstung möglich. Der Nachteil dieser Verfahren gegenüber der Dampfdestillation ist zudem, dass sowohl Kohle- als auch Umkehr-Osmose-Filter einer sorgsamen Wartung bedürfen. Es besteht sonst die Gefahr, dass sie mit unerwünschten Bakterien verkeimen.

Wer sich ein solches Reinigungsgerät nicht kaufen möchte, kann für seinen Kombucha-Ansatz natürlich auch Wasser in Flaschen kaufen. Es gibt jedoch nur wenige Firmen, die mineralarmes Wasser ohne künstlichen Zusatz von Kohlensäure anbieten. Sein Gesamtmineraliengehalt sollte jedoch nicht wesentlich höher als 100 mg pro Liter liegen. Empfehlenswert sind hier zum Beispiel das „Haderheck-Wasser" aus Königstein, „Spa" aus Belgien und „Volvic" aus Frankreich. Als Trinkwasser geeignetes, destilliertes Wasser ist in den USA und weiten Teilen Frankreichs in jedem Supermarkt erhältlich, jedoch im deutschsprachigen Raum noch selten.

Vielleicht gibt es aber auch im Umkreis Ihres Wohnortes noch einzelne öffentliche Brunnen oder Orte mit „weichem" Trinkwasser, wo Sie die wenigen Liter, die Sie regelmäßig für den Kombucha-Ansatz benötigen, erstehen können.

Das zweite Geheimnis des richtigen Wassers liegt nicht in den Bestandteilen begründet, sondern ist ein Effekt seiner physikalischen Eigenschaften. Bereits ein geringer Gehalt an Mineralien und damit an Ionen (also Überträgern von Ladungen) hat hier einen beträchtlichen elektrochemischen Einfluss. Forschungen der letzten Jahrzehnte wie etwa die des französischen Pioniers der Wasserforschung, Vincent, haben gezeigt, dass durch einen hohen Gehalt an Mineralien zum Beispiel der Widerstandswert des Wassers reduziert wird. Nach Auffassung naturheilkundlich ausgerichteter Mediziner kann beim Genuss solchen Wassers über längere Zeit hinweg unter anderem die Fließeigenschaft des Blutes negativ verändert werden: einzelne Blutbestandteile wie die roten Blutkörperchen kleben aneinander, was den Sauerstofftransport behindert und zu vielfältigen Krankheitssymptomen führen kann.

Abgesehen von diesen Eigenschaften soll vor allem die physikalische Struktur des Wassers, also die unterschiedliche räumliche Anordnung seiner Moleküle und sein damit verbundener „energetischer" Zustand, einen Einfluss auf die Heilwirkung des Wassers selbst und auf die Aktivität der Gärenzyme haben. Ausschlaggebend hierfür ist die verblüffende Eigenschaft des Wassers, elektromagnetische Schwingungen speichern und diese als eine Art Information an den menschlichen Organismus abgeben zu können. Dies hat unter anderem Prof. Cyril W. Smith von der Universität Salford, England, in Doppelblindstudien beweisen können. Er zeigte, dass Allergien allein durch bestimmte elektromagnetische Frequenzen ausgelöst werden können, die allergieauslösenden Stoffen eigen sind und nur als zuvor dem Wasser aufgeprägte „Information" vorhanden waren. Nahm ein Allergiker ein Glasröhrchen in die Hand, das Wasser mit „seiner" Allergie-Frequenz enthielt, zeigte er die typischen Abwehrreaktionen. Nach dem gleichen Prinzip konnten die Reaktionen wieder gestoppt werden, indem der Proband ein Wasserfläschchen mit löschender Gegenfrequenz in die Hand bekam.

Dieses „Gedächtnis" des Wassers scheint auch bei den unterschiedlichen Heilimpulsen durch verschiedene Kräuteransätze des Kombucha-Getränks wirksam zu sein. Der Enzym-Trank speichert offenbar die „Frequenz" des Heiltees. Auch andere Einflüsse auf Wasser und Enzymtätigkeit sind möglich und können genutzt werden. Zum Beispiel haben Hersteller von Fertiggetränken festgestellt, dass die Aktivität der Enzyme sich auch unter Musikeinfluss verändert. Danach soll harte Rockmusik wie Heavy Metal die Enzymaktivität reduzieren, während sie zum Beispiel durch traditionelle Harmonien indischer Musik gesteigert werde. So lässt zum Beispiel der Hersteller von *Chi*® während des gesamten Gärprozesses Musik von Sri Chinmoy erklingen.

Zwar wird man dies in der eigenen Herstellung kaum nachahmen, man kann jedoch diese Erkenntnis bei der Wahl des richtigen Standorts für die Gärgefäße berücksichtigen: Sie sollten möglichst nicht ständigem Straßenlärm, dem Gebrumm von Kühlgeräten oder anderen disharmonischen Geräuschen ausgesetzt sein.

Eine einfache Methode, die physikalische Wasserqualität und damit die Enzymtätigkeit positiv zu beeinflussen, ist die Nutzung eines Bergkristalls oder eines so genannten Tachyonen-Produkts (siehe dazu auch „Tachyonen-Energie – Was ist das?" S. 55). Nachweislich kann mit ihrer Hilfe zum Beispiel die Oberflächenspannung des Wassers reduziert werden, welches ein einfaches Maß für die im Wasser gespeicherte, frei verfügbare Elektronenenergie ist. Auch Sie können diesen energiesteigernden Effekt nutzen, indem Sie einfach einen natürlich gewachsenen Bergkristall (siehe dazu den folgenden Tip) mit in das Gärglas legen. Die Tätigkeit der Enzyme wird dadurch angeregt und Sie können – so wird vermutet – auch mehr Licht in Form von Biophotonen speichern. Das Enzym-Getränk kann dann also dem Organismus mehr Lichtenergie zur Verfügung stellen.

> Tipp: Legen Sie einen kleinen Bergkristall in das Gärgefäß. Wie eine Art Antenne fängt er Energiewellen ein und gibt sie an das Wasser ab, wodurch dessen Energie erhöht wird. Geeignet sind natürlich gewachsene Bergkristalle mit intakter Spitze (keine Trommelsteine und ohne Schliff) – von guter Qualität sind Kristalle aus den Alpen.

Aufbewahrung des Pilzes

Soll über eine längere Zeit hinweg kein Kombucha mehr angesetzt werden, gibt es zwei Möglichkeiten der Aufbewahrung:

Bei einer Pause von zwei bis drei Monaten kann ein normaler Gäransatz angefertigt und der Kombucha an einem kühlen Ort, zum Beispiel im Keller, aufbewahrt werden. Durch die niedrige Temperatur kann sich zwar die Symbiose etwas verschieben, jedoch stellt sich das gewünschte Verhältnis zwischen den einzelnen Bakterien und Hefearten beim Neuansatz in der Regel wieder ein.

Will man eine längere Kombucha-Pause einlegen, kann der Pilz auch eingefroren werden (zuerst im Schnellgefrierer). Zum Aktivieren legt man den gefrorenen Pilz einfach in einen normalen Teeansatz. Die erste Gärdauer wird dann jedoch deutlich länger dauern (meist vier bis fünf Tage zusätzlich). Sie sollten ihn daher unbedingt reichlich mit einem der Enzym-Fertiggetränke ansäuern, um in den ersten Tagen eine Schimmelbildung zu vermeiden.

Pannenhilfe

„Die Kombuchakultur arbeitet nicht oder nur sehr langsam"

Wenn Sie das Grundrezept berücksichtigt haben und der Pilz dennoch nur geringe Stoffwechselaktivitäten zeigt, kann dies verschiedene Ursachen haben:

- Das Gärgefäß steht in der Sonne.
- Es hat einen zu geringen Durchmesser (breite Gläser sind geeigneter als Flaschen).
- Das Glas wird zu oft bewegt.
- Im Zimmer wird geraucht oder zu starke andere Gase wie Fettdämpfe vom Braten und Fritieren oder Lärm hemmen die Kultur.
- Das verwendete Trinkwasser ist zu stark gechlort oder durch andere Behandlungen und Verunreinigungen ungeeignet.
- Das Gefäß steht zu nah an elektrischen Geräten, die zu viel Elektrosmog produzieren oder Mikrowellen abstrahlen.
- Der Pilz ist überaltert bzw. ein zu alter Pilz liegt mit im Glas.

„Die Pilzoberfläche hat braune Flecken"

Befinden sich auf der Pilzoberfläche braune, faltige Flecken, ist der Pilz überaltert und sollte durch einen jungen ersetzt werden (siehe unter „Einen neuen Pilz züchten" S. 93). Sind die Flecken nicht faltig, handelt es sich um Verfärbungen durch den Schwarztee.

„Schimmel auf dem Pilz"

Selten bildet sich etwas Schimmel auf der Oberfläche. Dies passiert vor allem bei niedriger Temperatur und wenn Sie dem Neuansatz zu wenig Flüssigkeit beigegeben haben. Kleine Schimmelmengen können durch vorsichtiges Abreiben mit Essig (nicht Essigessenz) entfernt werden. Die Gärflüssigkeit sollte zur Sicherheit weggegossen und der Kombucha neu angesetzt werden. Zum Ansäuern kann man eine Flasche fertiges Kombucha-Getränk verwenden. Bei größeren Schimmelmengen ist es empfehlenswert, sich einen neuen Kombuchapilz zu besorgen.

„Maden auf dem Pilz"

Sollten sich einmal kleine, etwa 5 mm lange und 1 mm dicke Maden auf dem Pilz befinden, dann war die Abdeckung des Gärgefäßes undicht (unbedingt mit einem Gummi befestigen!) bzw. Tuch oder Gase sind zu löchrig. Bei diesen Maden handelt es sich nämlich um die Brut der Essigfliegen, die mitunter vom Kombucha-Duft angezogen werden. Die Verwendung eines neuen Pilzes ist ratsam.

„Das Getränk wird zu sauer"

Vorausgesetzt Sie haben die Grundrezeptur befolgt, kann die Ursache sein, dass der Pilz zu warm steht. Dies kann, wenn auch selten, in sehr heißen Sommerwochen passieren. Sie können das Getränk dann gut für äußerliche Anwendungen verwenden oder Sie verdünnen es einfach mit Wasser.

„Der Genuss des Getränks verursacht Blähungen"

Die Ursache hierfür kann sein, dass die Gärung bei zu geringen Temperaturen (unter 18° Celsius) ablief. Diese Gefahr besteht vor allem im Winter und nachts. Bei niedrigen Temperaturen arbeiten vor allem bestimmte Hefen gut, deren Übermaß bei manchen Menschen Blähungen bewirken können. Achten Sie also darauf, eine Temperatur von zirka 23° einzuhalten.

Eine weitere Ursache könnte in einer unausgewogenen Verdauungstätigkeit durch Übersäuerung des Körpers liegen. Sie wird im Laufe der Entschlackung mithilfe des Enzymgetränks verschwinden, jedoch sollten Sie dazu unbedingt auch die Regeln für eine tägliche „Powerkost" (siehe S. 29 f.) berücksichtigen. Eventuell kann auch eine Einnahme von Basenmineralien zum Neutralisieren der sauren Stoffwechselschlacken hilfreich sein.

„Gallertartige Stückchen und braune Schlieren im abgefüllten Getränk"
Dies ist keine Panne. Es handelt sich hierbei um Bestandteile der Kombucha-Symbiose, die sich in der Flüssigkeit befinden können und auch nach dem Abfüllen in der Flasche noch langsam weiterwachsen. Wenn die Stücke zu groß sind, gießen Sie das Getränk einfach noch einmal durch ein Küchensieb. Kleine Fädchen spürt man beim Trinken nicht und sie tragen mit zur erwünschten Regulierung der Darmflora bei.

„Braune Flecken, Schichten oder Fäden an der Unterseite des Pilzes"
Bei den braunen Fäden handelt es sich um Hefefäden. Sie können beim nächsten Neuansatz einfach abgespült bzw. mit einem Löffel vorsichtig abgekratzt werden.

Braune Flecken oder Schichten an der Unterseite sind ein Anzeichen dafür, dass dieser Teil des Pilzes zu alt ist. Die verfärbte Schicht kann einfach abgezogen und entfernt werden.

Kombucha-Essig

Lässt man den Kombucha-Ansatz zum Beispiel während einer längeren Abwesenheit im Urlaub drei bis vier Wochen lang stehen, wird die Flüssigkeit stark durchsäuert – man erhält einen „Kombucha-Essig". Der saure Kombucha erinnert ein wenig an Obstessig und kann genauso wie dieser verwendet werden.

TIPP 1: Sie können den Kombucha-Essig verfeinern, indem Sie nach dem Abfüllen eine Handvoll Blüten von Kapuzinerkresse oder Borretsch hinzufügen.

TIPP 2: Essig ist wie Kombucha ein altbewährtes Heilmittel, das jedoch nur äußerlich angewendet werden sollte (siehe im Rezeptteil S. 106).

Kwass, Brottrunk

Der Kwass, auch Brottrunk genannt, entsteht durch milchsaure Vergärung von Getreide. Verschiedene Arten von Milchsäurebakterien wandeln die Kohlenhydrate des Korns in Milchsäure um. Durch die Aktivität der Enzyme entstehen dabei noch weitere Stoffe wie Vitamin B 12 und Acethylcholin (Überträgerstoff im Nervensystem).

Beim Kombucha schließt die auf der Oberfläche schwimmende Pilzschicht die darunter befindliche Flüssigkeit von der Luft ab. Dadurch wird die Milchsäuregärung gegenüber der Essigsäuregärung, für die Luft nötig ist, gefördert. Bei der Kwass-Herstellung wird dieser natürliche Trick durch die Verwendung spezieller Gärgefäße oder fest verschlossener Einmachgläser ersetzt und noch verstärkt.

Was man alles braucht

Sie benötigen:

- ◆ einen Gärtopf oder ein Einmachglas (mindestens 2 Liter) mit Bügelverschluss und Gummiring
- ◆ Vollkornbrot (ohne Konservierungsmittel und am besten aus kontrolliert-biologischem Getreide)
- ◆ Sauerkrautsaft, Sauerteig oder Sauergemüse-Ferment
- ◆ Wasser
- ◆ wenn das Getränk fertig ist, einige Flaschen mit Schraubverschluss zum Abfüllen

Das Grundrezept

- ◆ Bei Verwendung eines Zwei-Liter-Glases benötigen Sie 250 G BROT und 150 ML SAUERKRAUTSAFT ODER SAUERTEIG, für einen Zehn-Liter-Gärtopf etwa 2 kg Brot und ½ Liter Sauerkrautsaft oder Sauerteig. Letztere können auch durch Sauergemüse-Ferment ersetzt werden (Menge nach Angaben des Herstellers).

♦ Schneiden sie das Brot in dicke Scheiben und rösten Sie es im Backofen leicht an (altbackenes Brot kann direkt verwendet werden). Danach zerkleinern Sie es und übergießen es mit kochendem Wasser, bis die Masse bedeckt ist.

♦ Nach dem Abkühlen auf Handwärme wird dieser Brotansatz in das Gärgefäß gefüllt und der Sauerkrautsaft, Sauerteig oder das Sauergemüse-Ferment dazugegeben.

♦ Zum Schluss füllen Sie das Gefäß mit abgekochtem Wasser auf, sodass unter dem Glasdeckel noch etwa 3 cm Platz bleibt bzw. 10 bis 15 cm bis zum Gärtopfrand. Die Verwendung mineralarmen, unchlorierten Wassers ist empfehlenswert (siehe dazu unter „Das Geheimnis des richtigen Wassers" S. 79 f.).

♦ Nach etwa zweiwöchiger Gärphase bei Zimmertemperatur wird das Gefäß kühl (am besten in den Keller) gestellt. Dort muss das Getränk noch mindestens zwei Monate lang gären, bis es trinkfertig ist.

TIPP 1: Sie können auch Kräuter und Heilpflanzen mitvergären lassen. Geben Sie zum Beispiel für den Geschmack einen Stengel frische Pfefferminze oder Zitronenmelisse auf 2 Liter Flüssigkeit hinzu. Wollen Sie die Heilkräfte des Kwass verstärken, wählen Sie jene Kräuter, wie sie auch in Heiltees gegen bestimmte Leiden enthalten sind (siehe im Rezeptteil „Beschwerden von A bis Z" S. 101 f.).

TIPP 2: Möchten Sie statt eines hochwertigen Enzym-Getränks lieber einmal ein anregendes Getränk mit etwas Alkohol herstellen, geben Sie dem Ansatz geringe Mengen an Obst, Rosinen oder Honig bei. Dies fördert die natürlich vorkommenden Hefen und damit die Alkoholbildung. Sie können auch Hopfen, wie in den Anfängen des Bierbrauens, zusetzen. Dadurch werden die Bakterien unterdrückt und so indirekt die alkoholbildenden Hefen gefördert.

Die richtige Gärdauer

Kwass benötigt mindestens zwei Monate bis er durchgegoren ist. Er sollte dann einen pH-Wert von zirka 3 bis 3,5 haben (mit einem Indikatorpapier testen). Sie können ihn aber auch bedenkenlos vier bis fünf Monate oder noch länger gären lassen. Wenn das Nahrungsangebot für die Bakterien erschöpft ist, stellen sie von selbst ihre Aktivität ein. Das Getränk ist dann bereits soweit gesäuert, dass es sich selbst konserviert hat. Je nachdem, wie sauer der Kwass ist, wird er pur getrunken oder mit Wasser oder Tee verdünnt.

In fest verschließbare Flaschen abgefüllt, hält sich das Kwass-Getränk im kühlen Keller ohne Probleme drei bis vier Monate, bis ein neuer Kwass fertig gegoren ist. Geöffnet sollten die Flaschen in fünf bis sechs Tagen aufgebraucht werden.

Wie viel Kwass täglich?

Zur Nahrungsergänzung genügt ein kleines Glas (80 bis 100 ml pro Tag). Will man eine therapeutische Wirkung erzielen, sollte man dreimal täglich ein halbes Glas (50 bis 70 ml) vor den Mahlzeiten trinken.

Während einer speziellen Kwass-Diät als Entschlackungskur, zur Regulation der Darmflora oder zur Gewichtsreduzierung kann die Menge auf dreimal täglich ein ganzes Glas zu den Mahlzeiten sowie weitere dreimal ein halbes Glas dazwischen gesteigert werden. Nach acht Wochen können so etwa 10 Prozent überflüssige Pfunde abgespeckt werden (Erfahrungswerte aus der Verwendung des Fertiggetränks *Kanne-Brottrunk*®).

TIPP: Kwass kann auch äußerlich auf vielfältige Weise etwa bei Hautkrankheiten und Rheuma angewendet werden, Näheres dazu siehe im Rezeptteil S. 108.

Kefir

Ein bekannter entfernter „Verwandter" des Kombucha ist der Kefir-Pilz. Auch bei der wenige Zentimeter großen, an Blumenkohlröschen erinnernden Knolle handelt es sich nicht um einen Pilz, sondern um eine Symbiose verschiedener Bakterien und Hefen. Statt gesüßtem Tee wie Kombucha benötigt der Kefir als Nahrung Milch – genauer gesagt, den darin enthaltenen Milchzucker.

Was man alles braucht

Sie benötigen:

♦ einen Kefirpilz oder Kefir-Ferment (Bezugsquellen am Schluss des Buches; ein Päckchen Kefir-Ferment mit drei Beuteln reicht für viele Ansätze mit insgesamt zirka 50 Litern).
♦ Milch
♦ ein Schraubglas oder eine Flasche

Das Grundrezept

♦ Die MILCH wird fast bis zum Siedepunkt erhitzt – jede Art ungesäuerter Milch, Roh- und Vollmilch, fettarme Milch oder H-Milch kann verwendet werden.
♦ Danach lässt man sie auf Zimmertemperatur, ETWA 20° BIS 24° CELSIUS abkühlen (bei höheren Temperaturen arbeiten die Hefen nicht mehr gut und es entsteht eine Art Sauermilch) und füllt sie in ein Glas oder eine Flasche. Dabei lässt man noch etwa 4 cm bis zum Rand Platz für die bald entstehenden Kohlendioxid-Gase. Schließlich gibt man den PILZ oder das KEFIR-FERMENT hinzu.
♦ Nach ein bis drei Tagen ist das Getränk fertig. Soll der Kefir länger als einen Tag reifen, sollten Sie den Ansatz mehrmals täglich schütteln.

- Den Pilz herausnehmen (nicht waschen), bei der Verwendung von Ferment 3 bis 4 Esslöffel des fertigen Kefirs abnehmen und damit ein neues Kefir-Getränk ansetzen.
- Im Kühlschrank reift das Getränk noch etwas nach, sollte aber in den nächsten zwei Wochen verbraucht werden.

TIPP: Wer milderen Kefir mag oder nur ab und zu ein Kefir-Getränk möchte, sollte Kefir-Fermente verwenden, da der Pilz der Pflege bedarf und nicht lange ohne Milchnahrung existieren kann.

Die richtige Gärdauer

Beim Kefir wandeln die Mikroorganismen einen Teil des Milchzuckers in Milchsäure, Kohlendioxid und geringe Mengen Alkohol (daher für „trockene" Alkoholiker ungeeignet!) um.

Das Kefir-Getränk können Sie zwischen einem und drei Tagen fermentieren lassen, je nach Temperatur, gewünschtem Geschmack und Größe der Pilzknolle.

Bei Temperaturen unter 18° Celsius arbeiten die Hefen stärker und es entsteht ein süßlicheres Getränk mit festerer Konsistenz; bei Temperaturen über 18° ist die Aktivität der Bakterien stärker. Das Getränk wird säuerlicher, die Konsistenz bleibt flüssiger.

TIPP: Wollen Sie einen prickelnden Kefir, lassen Sie ihn nach dem Herausnehmen des Pilzes noch einen bis drei Tage bei 10 bis 18° Celsius nachreifen. Dies steigert den natürlichen Gehalt an Kohlendioxid und die geringen Mengen Alkohol.

Einen neuen Pilz züchten

Der Kefir regeneriert sich immer wieder selbst und kann bei sorgfältiger Behandlung und regelmäßiger Milchernährung unbegrenzt genutzt werden. Er reagiert jedoch empfindlich auf zu hohe Temperaturen: bei über 30° wird er schleimig und produziert kein schmackhaftes Getränk mehr.

Mitunter wird geraten, den Kefirpilz nach jedem Ansatz abzuspülen. Dies ist unnötig, es kann sogar – je nach Qualität des Leitungswassers – die Symbiose aus Hefen und Bakterien empfindlich stören.

Ebenfalls empfindlich kann Kefir auf Milch reagieren, die von Kühen stammen, die bestimmte Futterbeimengungen erhalten haben – zum Beispiel (zu große) Gaben von Antibiotika und anderen künstlichen Medikamenten oder bei Zufütterung von zu viel Silagefutter.

Stellt man fest, dass der Pilz immer wieder und immer mehr weiche und gelbe Teile hat oder leere Häutchen und Knöllchen absondert, ist dies ein Zeichen, dass die Symbiose nicht mehr intakt ist. Der Pilz ist dann unbrauchbar.

Wie viel Kefir täglich?

Normalerweise trinkt man ein Glas Kefir (etwa 100 bis 150 ml) als Zwischenmahlzeit, zum Mittag- oder Abendessen. Ist die Konsistenz zu dick, kann das Getränk mit etwas Wasser verdünnt werden.

Die Osseten, ein Volksstamm im Kaukasus, der als „Erfinder" des Kefirs gilt, sollen Kefir sogar literweise getrunken haben. Angeblich ist er das Gesundheitsgeheimnis der vielen über Hundertjährigen im Kaukasus. Soweit die Legende, doch sicherlich tragen zu der hohen Lebenserwartung der Menschen dieser Gegend noch viele andere Bedingungen bei, wie beispielsweise das saubere Quellwasser, die zuckerfreie Ernährung mit Getreidekeimen und Vollkornprodukten und das Arbeiten in Höhenlagen.

Der Kefir wurde bei den Osseten ursprünglich aus Ziegen- oder Schafsmilch zubereitet, der heutige Ernährungsfachleute eine bessere gesundheitliche Verträglichkeit bescheinigen als Kuhmilch.

Wissenschaftlich bewiesen ist, dass gesäuerte Milchprodukte wie Kefir, Sauermilch oder Jogurt besser verdaulich sind. Dies kommt durch eine Art „Vorverdauung" des Eiweißes durch die Bakterien, die das Kasein-Eiweiß gerinnen lassen.

Bei der Kefirherstellung aus Kuhmilch sollte man bedenken, dass diese nicht für jeden bekömmlich ist. Bei immer mehr Ärzten und Naturheilkundlern setzt sich nämlich die Auffassung durch, dass zumindest die heute im Laden erhältliche Kuhmilch an der Auslösung von Allergien beteiligt ist. Vor allem Allergiker sollten daher genau beobachten, ob ihnen der Kefir bekommt.

Tipp: Testen Sie einmal Kefir aus Ziegen- oder Schafsmilch. Diese ist bei manchen Bauern, beim Schäfer oder mitunter auch abgefüllt in Naturkostfachgeschäften erhältlich. Dem Kefir aus Ziegenmilch wird die positivste Wirkung auf die Gesundheit zugeschrieben.

Aufbewahrung des Pilzes

Der Kefirpilz kann in abgekochtem Wasser im Kühlschrank etwa drei Wochen lang aufbewahrt werden. (Den Pilz dabei nicht vorher abspülen.) Danach braucht er unbedingt wieder etwas Milchnahrung. Hat er sich nach zwei bis drei Ansätzen wieder von der „Hungerkur" erholt, kann er notfalls erneut ins Wasser gelegt und aufbewahrt werden.

Im fertigen Kefirgetränk kann der Pilz etwa fünf bis sechs Tage im Kühlschrank belassen werden.

TIPP 1: Sollte Ihnen der Kefir „über den Kopf wachsen", können Sie ihm mit Geschmacksvarianten eine neue Note abgewinnen. Fügen Sie dem Getränk zum Beispiel eine Tasse Minzetee aus frischen Blättern hinzu oder würzen Sie ihn einmal mit Kardamon, Zimt oder Knoblauch. Mischungen mit Fruchtsäften oder Obst sind schwerer verdaulich und bekommen nicht jedem.

TIPP 2: Kefirgetränk eignet sich auch sehr gut als Zugabe für Salatsoßen, als Ei-Ersatz bei Kuchen, Keksen und Aufläufen oder als Verfeinerung von Soßen.

Rezepte und Anwendung

Nichts ist so gut, als dass man es nicht noch verbessern oder ergänzen könnte – so auch die nach den Standardrezepturen hergestellten Enzym-Gärgetränke. Die erstaunliche Wirkung der verschiedenen „Power-Cocktails" beruht, wie eingangs beschrieben, zum einen auf der entschlackenden und ent-
giftenden Wirkung, zum anderen auf der Zufuhr von „Lichtenergie" und
„Informationen", die in lebenden Makromolekülen wie den Enzymen gespeichert sind. Dadurch können zentrale Regulationsmechanismen des
Stoffwechsels gestärkt und unterstützt werden – angefangen vom pH-Wert
und der Funktionsfähigkeit des Bindegewebes als „Umladebahnhof" bis
zum reibungslosen Ablauf des Energiestoffwechsels der Zelle, dem Zitronensäurezyklus, (durch das Fertiggetränk *Super-Ohtaka*) und zur besseren
„Lichtsteuerung" durch DNS und Enzyme.

Mithilfe ausgewählter Kräutermischungen im Gäransatz können nun
diese Wirkungen noch verstärkt oder weitere zusätzliche Heilimpulse den
Kombucha- und Kwass-Enzym-Getränken zugegeben werden. Ähnlich wie
Heiltees bei regelmäßiger Anwendung dem Organismus gezielte sanfte Anregungen zur Heilung geben können, vermögen Heilpflanzen auch als Kräu-
ter-Ansatz für Enzym-Getränke die Selbstheilung des Organismus einzu-
leiten oder zu fördern und die Eigenregulation zu verbessern – verstärkt um
die Wirkkräfte der Gärung.

Grundsätzlich können alle folgenden Rezepte sowohl für Kombucha- als
auch für Kwass-Getränke verwendet werden. Auch die benötigte Menge ist
pro Liter Gäransatz gleich und zwar JEWEILS ETWA 2 BIS 3 TEELÖFFEL PRO 1 BIS
2 LITER. Wichtig ist jedoch der Unterschied, dass beim Kwass-Getränk die
Kräuter mitvergoren werden, während beim Kombucha wie üblich ein Tee-
aufguss verwendet wird.

Die verwendeten Pflanzen sollten aus kontrolliert-biologischem Anbau
oder traditionellem Naturanbau stammen. Vor allem beim Mitvergären der
Kräuter im Kwass ist es wichtig auf eine hohe Qualität der Heilpflanzen zu
achten.

Um eine Gewöhnung des Organismus an die sanften Heilreize zu vermeiden, sollten Sie die Mischung des Kräuteransatzes alle zwei bis drei Monate wechseln. In der Regel gibt es mehrere Kräuter, die in der Pflanzenheilkunde bei bestimmten Krankheitssymptomen wirksam sind.

> TIPP: Wollen Sie die Wirkung der Enzym-Getränke unterstützen und verstärken, trinken Sie nicht mehr als die empfohlene Menge, sondern sorgen Sie dafür, dass diese besser wirken können: Ernähren Sie sich nach den im ersten Teil des Buches gegebenen Empfehlungen für eine licht- und enzymreiche „Powerkost".

Kräuter-Standardmischung für Kombucha

Soll das Kombucha-Gärgeränk nicht mit grünem Tee oder Schwarztee angesetzt werden, haben sich folgende Kräutertees als Standardmischung bewährt:

TEE 1
25 g Brombeerblätter	25 g Walderdbeerblätter
25 g Himbeerblätter	25 g Schwarze Johannisbeerblätter

TEE 2
35 g Brombeerblätter	15 g Melisse
15 g Hibiskus	35 g Walderdbeerblätter

TEE 3
15 g Brennnessel	15 g Schafgarbe
15 g Dost	15 g Vogelmiere
15 g Löwenzahnblätter	15 g Waldmeister

Innerliche Anwendung

Entschlackung und Entgiftung

Die entschlackende und entgiftende Wirkung der Enzym-Gärgetränke kann durch folgende Teemischungen, mit denen der Ansatz hergestellt wird, unterstützt werden:

TEE 1

15 g Birkenblüten	15 g Sandsegge
15 g Brombeerblätter	15 g Wacholderbeeren
15 g Kamille	15 g Walderdbeerblätter

TEE 2

10 g Bärentraube	10 g Johanniskraut
10 g Birkenblätter	10 g Odermennigkraut
10 g Brennnessel	10 g Schafgarbe
10 g Dost	10 g Vogelmiere
10 g Löwenzahnblätter	10 g Waldmeister
10 g Goldrute	10 g Zinnkraut

TEE 3

30 g Brennnessel	5 g Rosmarin
5 g Enzianwurzel	20 g Wasserdost
10 g Fieberkleeblätter	20 g Weidenrinde
10 g Löwenzahnblätter	

speziell zur Blutreinigung

TEE 1

10 g Attich (Zwergholunder)	10 g Brunnenkresse
10 g Birke	10 g Gänseblümchen
10 g Brennnessel	10 g Hauhechel
30 g Brombeerblätter	10 g Klette

10 g Lindenblüte   10 g Stiefmütterchen
10 g Löwenzahn   30 g Walderdbeerblätter
10 g Schafgarbe
Diese Mischung kann noch ergänzt oder variiert werden durch: Bärlauch, Borretsch, Hagebutte, Himbeere, Holunder, Johanniskraut, Sauerampfer, Schlehe, Dost

TEE 2
20 g Brennnessel   15 g Löwenzahnwurzel
30 g Brombeerblätter   15 g Salbei
15 g Johanniskraut

TEE 3
10 g Borretsch   20 g Walderdbeeren
20 g Brennnessel   10 g Wermut
10 g Spitzwegerich   30 g Zinnkraut

TEE 4
40 g Brombeerblätter   10 g Wacholderbeeren
20 g Faulbaumrinde   20 g Sassafrasholz
10 g Guajakholz   10 g Süßholz
10 g Klettenwurzel (ein Ansatz für Fortgeschrittene, da schwierig zu gären)

Entschlackung nach der „Leisenkur"

Eine weitere spezielle Teemischung zur Entschlackung ist der von Matthias Leisen und Katharina Vanselow-Leisen zusammengestellte so genannte „Riegel". Diese Kräutermischung beruht auf der Theorie, dass bestimmte Erkrankungen jeweils mit typischen Zusammensetzungen der Schlacken und Ablagerungen im Körper verbunden seien. Rund 60 unterschiedliche chemische Elemente in Schlacken und deren zugeordnete Krankheiten glauben die Heilpraktiker in ihrer über 40-jährigen Praxiserfahrung gefunden zu haben. So soll zum Beispiel Rheuma unter anderem mit Schlacken in Zusammenhang stehen, die das chemische Element Lithium enthalten. Führe man nun Pflanzen zu, die in der Lage sind, verstärkt Lithium aufzunehmen wie etwa die Schafgarbe, könne der Körper diese Schlacken ausscheiden.

Basis dieser „Leisenkur" genannten Anwendung von Heiltees ist eine Mischung aus zehn Kräutern, die fähig sein sollen, alle diese 60 Schlacken-Elemente herauszulösen – der „Riegel". Er wurde so benannt, weil er alle Schlacken „abriegeln" und zur Ausleitung bringen könne.

Bei diesem Rezept werden die Kräuter – 2 bis 3 Teelöffel auf 1 bis 2 Liter – nicht nur aufgebrüht, sondern sie sollen drei bis fünf Minuten lang köcheln und weitere zehn Minuten lang abgedeckt ziehen. Nach zwei bis drei Monaten Trinkkur sollte ein Monat Pause eingelegt werden.

10 g Bohnenhülsen	10 g Löwenzahn
10 g Holunderblüte	10 g Ringelblume
10 g Johanniskraut	10 g Schafgarbe
10 g Kamille	10 g Schöllkraut
10 g Lindenblüte	10 g Zinnkraut

Dem „Riegel" werden je nach Krankheitssymptomen weitere Kräuter hinzugefügt, die gewissermaßen eine Feinabstimmung ermöglichen und diejenigen Schlacken-Elemente verstärkt ausleiten sollen, die bei diesen Beschwerden typisch sind. Hier einige Beispiele:

BESCHWERDEN	TEEMISCHUNG	
Arteriosklerose	10 g Eisenkraut	20 g Hagebutte
	10 g Ginster	10 g Heidelbeerblätter
Asthma	20 g Augentrost	10 g Mistel
	20 g Eisenkraut	10 g Bohnenkraut
Blasenentzündung	10 g Borretsch	10 g Mariendistel
	10 g Goldrute	

BESCHWERDEN	TEEMISCHUNG	
chronische Bronchitits	10 g Hagebutte 20 g Taubnessel	10 g Walnussblätter
Gelenkbeschwerden	10 g Augentrost 10 g Bitterklee 10 g Frauendistel	10 g Goldrute 10 g Mistel
Haarausfall	10 g Akelei 10 g Bockshornklee	10 g Goldrute
Hauterkrankungen	10 g Bohnenkraut 10 g Huflattich	10 g Malve 10 g Stiefmütterchen
Krampfadern	10 g Heidelbeerblätter 10 g Löwenzahn	10 g Taubnessel
Leber-, Gallen- Beschwerden	10 g Blasentang 10 g Gnadenkraut	10 g Gundelrebe 10 g Wegwarte
Migräne	10 g Baldrian 10 g Benediktenkraut	10 g Hirtentäschel 10 g Malve
Rheuma	10 g Bitterklee 10 g Bärlapp 10 g Dornschlehe	10 g Frauenmantel 10 g Hagebutte
schlecht heilende Wunden	10 g Blasentang 10 g Gnadenkraut 10 g Spitzwegerich	10 g Stiefmütterchen 10 g Taubnessel

(Quelle: Vanselow-Feist „Die Leisenkur")

Beschwerden von A bis Z

Begleitend zu einer Therapie bei den entsprechenden Krankheiten können Enzym-Gärgetränke mit speziellen Kräuteransätzen getrunken werden. Die folgenden Kräuter bei den jeweiligen Anwendungen werden entweder einzeln oder gemeinsam einer der Kräuter-Standardmischungen, grünem Tee oder Schwarztee zugefügt (zirka im Verhältnis 1:1, zum Beispiel: 1 Teelöffel Grüntee mit ½ Teelöffel Kamille und ½ Teelöffel Ringelblume auf 1 Liter Wasser als Anti-Allergiemischung bei Heuschnupfen). Nach zwei bis drei Monaten sollte von Kamille und Ringelblume auf Veilchen und/oder Wermut gewechselt werden.

BESCHWERDEN	KRÄUTERMISCHUNG	
Allergie bei Pollen, Heuschnupfen	Kamille Ringelblume	Veilchen Wermut
Arteriosklerose und Bluthochdruck	Borretsch Grüner Tee Hirtentäschel Johanniskraut Mistel	Rosmarin Weißdornblüten und -blätter Zinnkraut
Asthma	Eibisch Eisenkraut Gänsefingerkraut Gundermann Huflattich Isländisch Moos	Königskerze Löwenzahnblätter Lungenkraut Spitzwegerich Thymian
Blasenleiden	(s. Nieren)	
Niedriger Blutdruck	Arnika Mistel	Rosmarin

BESCHWERDEN	KRÄUTERMISCHUNG	
Hoher Blutzucker, Diabetes	Brombeerblätter Goldfingerkraut	Heidelbeerblätter
Darmstörungen	Bärlapp Benediktenkraut Eiche Erdbeerblätter Erdrauch Frauenmantel Gänsefingerkraut	Kamille Majoran Malve Pfefferminze Ringelblume Schafgarbe
Erkältungen, Grippe (vor allem auch zur Vorbeugung)	Brunnenkresse Ehrenpreis Grüner Tee Heckenrose	Holunderblüten Malve Schlüsselblume Wacholder
Frühjahrsmüdigkeit	Brennnessel Gänseblümchen Grüner Tee Hauhechel	Klette Löwenzahn Stiefmütterchen
Beschwerden der Galle	Berberitze Erdrauch Fieberklee Kamille Löwenzahn	Odermennig Schafgarbe Schöllkraut Tausengüldenkraut Wermut
Gelenkschmerzen	Brennnessel Eisenkraut Fünffingerkraut	Goldrute Löwenzahn Melisse

BESCHWERDEN	KRÄUTERMISCHUNG	
Gicht	Birkenblätter Bohnenschalen Brennnessel Hauhechel	Johannisbeerblätter Liebstöckel Weidenrinde Weidenblätter
Hauterkrankungen	Hauhechel Holunder Kamille Löwenzahn Ringelblume	Rosmarin Stiefmütterchen Walnussblätter Zinnkraut
Hämorriden	Brombeerblätter Buchsbaumblätter Färberginster Gartenraute Hamamelis	Löwenzahnblätter Schafgarbe Schwarze Johannis- beerblätter Vogelknöterich
Herz-Kreislauf- Erkrankungen	Benediktenkraut Melisse Pfefferminze	Rosmarin Weißdorn
Krampfadern, Venenleiden	Gartenraute Hamamelis	Steinklee
Lebererkrankungen	Enzianwurzel Löwenzahn Odermennig Schöllkraut	Tausengüldenkraut Wegwarteblätter und -wurzeln Zinnkraut

BESCHWERDEN	KRÄUTERMISCHUNG	
Lungen-erkrankungen	Brennnessel Huflattich Kastanie Lungenkraut	Schachtelhalm Spitzwegerich Thymian Vogelknöterich
Magenbeschwerden	Bärlapp Benediktenkraut Erdrauch Gänsefingerkraut Kamille Majoran Malve	Melisse Pfefferminze Quendel Schafgarbe Tausendgüldenkraut Vogelknöterich Walderdbeerblätter
Menstruations-beschwerden	Beifuß Eisenkraut Frauenmantel Gänsefingerkraut Johanniskraut	Kamille Melisse Schafgarbe Taubnessel
Nervenleiden	Baldrian Benediktenkraut Gänsefingerkraut Johanniskraut	Lilienblätter Mate Melisse Salbei
Nervosität	Nelkenwurz Schafgarbe	Taubnessel

BESCHWERDEN	KRÄUTERMISCHUNG	
Nieren-, Blasenleiden	Birkenblätter Bohnenschalen Goldrute Haferstroh Hauhechel Klette	Petersilie Queckenwurzeln Spierstaude Taubnessel Walderdbeerblätter Zinnkraut
Prostata- erkrankungen	Petersilie Taubnessel	Zinnkraut
Rheuma	Brennnessel Birkenblätter Goldrute Johannisbeerblätter	Liebstöckel Schlüsselblumenblüten Weidenrinde und - blätter
Schlaflosigkeit	Frauenmantel Johanniskraut Schafgarbe	Schlüsselblume Taubnessel Ulmenrinde
Verstopfung	Ackerwinde Baldrian Engelsüß Erdrauch	Holunder Leinkraut Löwenzahn Tausendgüldenkraut
Beschwerden in den Wechseljahren	Borretsch Eisenkraut Frauenmantel Hirtentäschel	Johanniskraut Rosmarin Schafgarbe Taubnessel

Äußerliche Anwendung

Kombucha

Das Kombucha-Getränk, der Pilz selbst und der so genannte Kombucha-Essig können auf vielfältige Weise äußerlich angewendet werden.

Der Kombucha-Essig entsteht, wenn man den Kombucha-Ansatz etwa drei bis vier Wochen oder noch länger vergärt. Dieser saure Kombucha kann wie Obstessig verwendet werden. Die äußerliche Anwendung von Kombucha-Essig bezieht sich auf ähnliche Gebiete, wie dies vom normalen Essig als Volksheilmittel bekannt ist.

Bei einer äußerlichen Nutzung der Pilzschichten selbst sollten diese nicht wieder zur Getränkeherstellung verwendet werden. Sie können aber sehr wohl nach eintägiger Auffrischung in einem separaten Göransatz und dadurch Anreicherung mit Wirkstoffen wieder für derartige Anwendungen genutzt werden.

Wenn man den Pilz mehrere Stunden auf der Haut liegen lässt, können bei empfindlichen Hauttypen Reizungen entstehen. Dies können Sie meist vermeiden, wenn Sie die Pilzschicht von Zeit zu Zeit von der Haut nehmen, um wieder Luft daran zu lassen.

Akne und Ekzeme
Tägliche Abreibungen mit Kombucha-Getränk oder -Essig.

Fusspilz
Zweimal täglich 15 Minuten ein Fußbad mit Kombucha-Essig nehmen.

Hautpflege
Als Schönheitspackung für die Haut legt man sich einfach ein paar junge Kombucha-Pilzschichten für etwa 20 bis 25 Minuten auf das Gesicht.

Heiserkeit
Stündlich gurgeln mit einem Esslöffel Kombucha-Essig auf ein Glas Wasser.

KOPFSCHMERZEN, MIGRÄNE
Ein Tuch mit Kombucha-Essig tränken, ausdrücken und auf die Stirn legen. Oder an die Schläfen bzw. in den Nacken – je nach Ort des Schmerzes – einen jungen Kombucha-Pilz legen und den Kopf mit einem Tuch locker umwickeln, so dass die Pilze anliegen. Etwa 30 Minuten oder auch länger einwirken lassen.

KRAMPFADERN, VENENLEIDEN
Zweimal täglich Kombucha-Getränk oder -Essig einmassieren. Oder Kombucha-Pilze täglich mindestens 30 Minuten lang auflegen.

MUSKELSCHMERZEN
An den entsprechenden Stellen Kombucha-Essig einmassieren oder einen Verband mit Kombucha-Pilzen auf der Haut anlegen.

VERSTOPFTE NASE
Kombucha-Essig zu gleichen Teilen mit Wasser mischen oder Kombucha-Getränk erhitzen und die Dämpfe mit einem großen Handtuch über dem Kopf einatmen.

RHEUMA
Kombucha-Pilze auf die betroffenen Stellen legen und mit einem Verband befestigen, eventuell über Nacht wirken lassen.

SCHUPPEN
Eine Stunde vor dem Haarewaschen die Kopfhaut mit Kombucha-Essig anfeuchten und das Haar mit einem Handtuch umwickeln. Nach dem Waschen als Letztes mit Kombucha-Essigwasser spülen.

WARZEN, WESPEN- UND BIENENSTICHE
Regelmäßig mit Kombucha-Essig betupfen. Auf Warzen kann man auch ein kleines Stück Kombucha-Pilz auflegen, mit einem Verband oder Pflaster befestigen und mehrere Stunden wirken lassen.

Zellulitis
Täglich das Kombucha-Getränk einmassieren.

Kwass

Akne, Ekzeme, Schuppenflechten
Abreibungen mit Kwass und Bäder mit Kwass-Zugaben von zirka 1 bis 2 Litern pro Wannenbad

Haarausfall, schütteres Haar
Täglich das Kwass-Geränk einmassieren, vor allem nach dem Waschen

Verletzungen, Insektenstiche, eiternde Wunden
Kwass-Umschläge sind als starkes Wundheilmittel bewährt

Rheumaschmerzen
tägliche Abreibungen und Bäder

Kräuterwahl nach Bachblüten

Die „Schattenseiten" der eigenen Persönlichkeit vertreiben – wer möchte das nicht? Das System der Bach-Blütenessenzen, bestehend aus 37 verschiedenen Pflanzen, verspricht für jedes negative emotionale und seelische Grundproblem das passende, ausgleichende „Gegenmittel" parat zu haben. 1996 erlebten die Bach-Blütenessenzen durch die Vorstellung in Fernsehshows einen großen Boom, jedoch ist ihre Entdeckung weit älter: Sie blicken auf eine über 60-jährige Geschichte der therapeutischen Anwendung zurück.

Entwickelt wurden die Bach-Blütenessenzen von dem britischen Arzt, Bakteriologen und Homöopathen Dr. Edward Bach. Er hatte 37 unterschiedliche Pflanzen (und eine weitere „Essenz" aus dem Wasser einer besonderen Quelle) ausgewählt und ihnen aufgrund seiner praktischen Anwendung an Patienten nach und nach jeweils bestimmte psychische Probleme zuordnen können – vor allem negative Verhaltensweisen beschrieb er dabei, gewissermaßen die „Schattenseiten" menschlichen Charakters. So war Dr. Bach überzeugt, daß das Pflanzensystem alle archetypischen emotionalen und seelischen Grundsituationen des Menschen umfasse und deshalb die ideale Begleittherapie bei Behandlungen darstelle. Tatsächlich berichten Therapeuten schon lange, dass bei sorgfältiger Auswahl und gezielter Anwendung der Präparate mithilfe der Bach-Blüten erstaunliche harmonisierende Wirkungen auf alle psychosomatischen Störungen möglich seien.

Dieses Pflanzen-System kann man nun auch bei der Herstellung eines individuellen Enzym-Gärgetränks nutzen. Wie bei den Essenzen von Bach wählt man sich nach den korrespondierenden Seelenzuständen (oder intuitiv) die persönlich passenden Pflanzen aus und fügt sie – möglichst als Blüte – dem Gäransatz bzw. dem Teeaufguß zu. Dabei wählt man immer jene Pflanze, die dem derzeit wichtigsten Problem zugeordnet ist (maximal drei bis vier verschiedene Pflanzen). Je nach persönlicher Entwicklung und Bewältigung der einschränkenden Verhaltensmuster werden sich dann auch die Kräutermischungen im Laufe der Zeit ändern. Natürlich kann man dem Enzym-Getränk auch nachträglich die echten Bach-Essenzen zufügen, wie dies mit den Orchideen-Essenzen bei dem Fertiggetränk *VitaPur*® geschieht.

Zur Auswahl der individuell ausgleichenden Bach-Blüten finden Sie im Folgenden die zugeordneten „negativen Seelenzustände im blockierten Zustand" nach Dr. Edward Bach:

AGRIMONY (ODERMENNIG):
Man versucht, quälende Gedanken und innere Unruhe hinter einer Fassade von Fröhlichkeit und Sorglosigkeit zu verbergen.

ASPEN (ZITTERPAPPEL):
Man hat unerklärliche, vage Ängste oder Vorahnungen; geheime Furcht vor irgendeinem drohenden Unheil.

BEECH (ROTBUCHE):
Man reagiert überkritisch und intolerant, kann wenig Mitgefühl und Einfühlungsvermögen aufbringen.

CENTAURY (TAUSENDGÜLDENKRAUT):
Man kann nicht „nein" sagen; Schwäche des eigenen Willens; Überreaktion auf die Wünsche anderer.

CERATO (BLEIWURZ):
Man ist unsicher, hat zu wenig Vertraueen in die eigene Meinung und Urteilsfähigkeit.

CHERRY PLUM (KIRSCHPFLAUME):
Es fällt schwer, innerlich loszulassen; man hat Angst vor seelischen Kurzschlusshandlungen; unbeherrschte Temperamentsausbrüche.

CHESTNUT BUD (KNOSPE DER ROSSKASTANIE):
Man macht immer wieder die gleichen Fehler, weil man seine Erfahrungen nicht wirklich verarbeitet und nicht genug daraus lernt.

CHICORY (WEGWARTE):
Besitzergreifende Persönlichkeitshaltung, mit der man sich bewusst oder unbewusst überall einmischt.

CLEMATIS (WEISSE WALDREBE):
Man ist geistig abwesend, zeigt wenig Aufmerksamkeit für das, was um einen herum vorgeht.

CRAB APPLE (HOLZAPFEL):
Man fühlt sich innerlich oder äußerlich beschmutzt, unrein oder infiziert; Detailkrämer.

ELME (ULME):
Man hat vorübergehend das Gefühl, seiner Aufgabe oder Verantwortung nicht gewachsen zu sein.

GENTIAN (HERBSTENZIAN):
Man reagiert skeptisch, zweifelnd, pessimistisch, leicht entmutigt.

GORSE (STECHGINSTER):
Man ist ohne Hoffnung, hat resigniert.

HEATHER (SCHOTTISCHES HEIDEKRAUT):
Man ist selbstbezogen, völlig mit sich beschäftigt, braucht viel Publikum; „das bedürftige Kleinkind".

HOLLY (STECHPALME):
Man reagiert gefühlsmäßig irritiert. Eifersucht, Misstrauen, Hass- und Neidgefühle.

HONEYSUCKLE (JELÄNGERJELIEBER):
Man weigert sich bewusst oder unbewusst, bestimmte Ereignisse aus der Vergangenheit zu verarbeiten.

HORNBEAM (WEISSBUCHE):
„Montagmorgen-Gefühl"; man glaubt, man wäre zu schwach, um die täglichen Pflichten zu bewältigen, schafft es dann aber doch.

IMPATIENS (DRÜSENTRAGENDES SPRINGKRAUT):
Man reagiert ungeduldig und leicht gereizt, zeigt überschießende Reaktionen.

LARCH (LÄRCHE):
Man hat Minderwertigkeitskomplexe; Erwartung von Fehlschlägen durch Mangel an Selbstvertrauen.

MIMULUS (GEFLECKTE GAUKLERBLUME):
Man ist schüchtern, furchtsam, hat viele kleine Ängste.

MUSTARD (WILDER SENF):
Tiefe Traurigkeit; Perioden von Schwermut kommen und gehen plötzlich ohne erkennbare Ursache.

OAK (EICHE):
Man fühlt sich als niedergeschlagener und erschöpfter Kämpfer, der trotzdem tapfer weitermacht und nie aufgibt.

OLIVE (OLIVE):
Man fühlt sich körperlich und seelisch ausgelaugt und erschöpft; „mir ist alles zuviel".

PINE (SCHOTTISCHE KIEFER):
Man macht sich Vorwürfe, hat Schuldgefühle.

RED CHESTNUT (ROTE KASTANIE):
Man macht sich mehr Sorgen um das Wohlergehen anderer Menschen als um das eigene. Zu starke Verbundenheit mit einer nahe stehenden Person.

ROCK ROSE (GELBES SONNENRÖSCHEN):
Man reagiert schnell panisch und wird von Terrorgefühlen überrannt.

SCLERANTHUS (EINJÄHRIGER KNÄUEL):
Man ist unschlüssig, sprunghaft, innerlich unausgeglichen; Meinung und Stimmung wechseln von einem Moment zum anderen.

STAR OF BETHLEHEM (DOLDIGER MILCHSTERN):
Man hat eine seelische oder körperliche Erschütterung noch nicht verkraftet; „der Seelentröster".

SWEET CHESTNUT (EDELKASTANIE):
Man glaubt, die Grenze dessen, was ein Mensch ertragen kann, sei nun erreicht; innere Ausweglosigkeit.

VERVAIN (EISENKRAUT):
Im Übereifer, sich für eine gute Sache einzusetzen, treibt man Raubbau mit seinen Kräften, reagiert missionarisch bis fanatisch.

VINE (WEINREBE):
Man will unbedingt seinen Willen durchsetzen, hat Probleme mit Macht und Autorität.

WALNUT (WALNUSS):
In einer Phase des inneren Neubeginns oder einer einschneidenden Veränderung der Lebensumstände lässt man sich zu leicht verunsichern.

WATER VIOLET (SUMPFWASSERFEDER):
Man zieht sich innerlich zurück; isoliertes Überlegenheitsgefühl.

WHITE CHESTNUT (WEISSE KASTANIE):
Bestimmte Gedanken kreisen unaufhörlich im Kopf, man wird sie nicht wieder los; innere Selbstgespräche.

WILD OAT (WALDRESPE):
Man zersplittert sich, hat unklare Zielvorstellungen, ist innerlich unzufrieden, weil man seine Lebensaufgabe nicht findet.

WILD ROSE (HECKENROSE):
Man fühlt sich apathisch, teilnahmslos; innere Kapitulation.

WILLOW (GELBE WEIDE):
Man fühlt sich den Umständen machtlos ausgeliefert, ist verbittert und sieht sich als „Opfer des Schicksals".

(Quelle: Scheffer: „Original Bach-Blütentherapie – Lehrbuch für die Arzt- und Naturheilpraxis")

Förderliche Einflüsse des Mondes

Durch den Einfluss des Mondes „atmen" unsere Meere ein und aus — es entstehen Ebbe und Flut. Dies ist allseits bekannt. Schon weniger ist uns im Allgemeinen bewusst, dass ebenso wie das Wasser der Meere auch die kilometerdicke Erdkruste und natürlich auch jedes Lebewesen durch die Gravitationswirkung des Mondes regelmäßig ein wenig angehoben und gestreckt bzw. gestaucht werden.

Den meisten Menschen unbekannt, aber gleichwohl wissenschaftlich mehrfach bewiesen ist ein Einfluss der Mondkräfte auch auf die physikalischen Eigenschaften des Wassers und auf chemische Reaktionen. So entdeckte zum Beispiel Prof. Giorgio Piccardi (1895–1972), Leiter des Instituts für physikalische Chemie an der Universität Florenz, den Einfluss astronomischer Faktoren auf den Verlauf chemischer Reaktionen. Denn zwei chemische Substanzen, die man in gleicher Weise zusammenbringt, reagieren nur in der Theorie immer auf dieselbe Art. Die Ursache für die bis dahin zwar hinlänglich bekannten, aber unerklärlichen geringen Reaktionsschwankungen fand Piccardi im Einfluss der Mondphasen, der Sonnenaktivität, der Planetenstellungen von Jupiter und Saturn und der Position der Erde auf ihrer Bahn um die Sonne. Sie bewirken seinen Forschungsergebnissen zufolge ein sich ständig änderndes Verhalten des Wassers bei chemischen Reaktionen (siehe auch unter „Gärung – das Geheimnis uralter Heilkunst" S. 41). Mit elektrischen Funkenentladungen „energetisiertes" Wasser reagiere dabei besonders empfindlich.

Mehrere Forscher haben seitdem die seltsame Fähigkeit des Wassers, als eine Art Antenne für derartige kosmische (Gravitations-)Kräfte zu fungieren, bestätigt, zuletzt Prof. W. Peschka von der Deutschen Forschungs- und Versuchsanstalt für Luft- und Raumfahrt in Stuttgart.

Ein Verfahren für den Nachweis der Mond- und Planeteneinflüsse auf Wasser ist die so genannte Tropfenbildmethode, die von Dipl.-Ing. Theodor Schwenk (1910–1986) am Institut für Strömungswissenschaften in Herrischried im Schwarzwald entwickelt wurde. Mit diesem Verfahren sollen sogar qualitative Aussagen über die Wirkungen möglich sein, also ob die kosmischen Einflüsse die ordnenden Kräfte im Wasser unterstützen oder eher stören. Ob auch die Flüssigkeiten im menschlichen Organismus wie Lymph-, Gehirn- und Blutwasser auf solche kosmischen Einflüsse reagieren, ist bis heute ungeklärt. Denkbar wäre es, besteht doch der Mensch zu etwa 75 Prozent aus nichts anderem als Wasser.

Auf jeden Fall aber wirken die kosmischen Kräfte – am deutlichsten erkennbar sind die des sich ständig wandelnden Mondes – auf das Wasser der Gäransätze für die Enzym-Getränke. Durch solche Veränderungen im Wasser scheinen auch die Enzyme, Bakterien und Hefen in ihrer Aktivität beeinflusst zu werden. Nach Auskunft mehrerer Hersteller von Fertiggetränken verändert sich nämlich die Gärfreudigkeit unter dem Einfluss der Mondphasen – am fleißigsten sind die Bakterien und Hefen bei Vollmond.

In der Alchemie werden solche Einflüsse auf Gärprozesse bereits seit vielen Jahrhunderten beobachtet und berücksichtigt. Nach ihren Anweisungen zur Herstellung von Heilmitteln wird zum Beispiel der Inhalt der Gärgefäße jeweils zum Zeitpunkt von Sonnen- und Mondaufgang jeden Tag vorsichtig gerührt oder geschwenkt, um so die kosmischen Kräfte stärker zu binden bzw. untereinander zu harmonisieren. In der eigenen Herstellung von Enzym-Getränken wird allerdings wohl kaum jemand dieses aufwändige Verfahren nachahmen wollen.

Gäransätze zu den verschiedenen Mondphasen

Wichtig ist aber eine andere Erkenntnis aus dem uralten Erfahrungswissen der Alchemie: Gäransätze, die während des zunehmenden Mondes bis etwa zwei Tage nach Vollmond entstehen, haben eine größere Wirkkraft als solche aus der Zeit des abnehmenden Mondes. Der Grund hierfür liegt wohl in der erwähnten gesteigerten Aktivität der Enzyme bei Vollmond, wodurch sie vermutlich auch mehr ordnende Lichtenergie aufnehmen können. Damit steigt auch der Gehalt an Biophotonen und wertvollen Stoffwechselprodukten der Bakterien und Hefen.

Nach altem Wissen um die Wirkung der Mondkräfte sollen wiederum alle gesundheitlichen Maßnahmen der Entgiftung besser beim Menschen anschlagen, wenn sie in der Zeit des abnehmenden Mondes, also zwischen Vollmond und Neumond durchgeführt werden. Für die Entgiftung mit Kombucha-Gärgetränken ist dies ein ideales Zusammentreffen der Mondwirkungen: Sie lassen den Ansatz bis zum Vollmondtag gären, dann hat er die größte Wirkkraft und trinken ihn bis zum Neumond aus, dann ist seine entgiftende Wirkung auf den Menschen am stärksten. So können Sie die Mondeinflüsse von monatlich ein oder zwei Ansätzen – je nach gewünschter Süße des Getränks und Zuckermenge im Gäransatz – optimal nutzen:

Drei Kombucha-Ansätze pro Monat
Die Gärzeit beträgt jeweils neun bis zehn Tage – ein idealer Rhythmus für das Sommerhalbjahr:
- Neuer Ansatz jeweils zwei Tage vor Neumond – das abgegossene Getränk hat geringere Wirkkräfte (eventuell nur für äußere Anwendungen nutzen).
- Neuer Ansatz beim zunehmenden Halbmond – das abgegossene Getränk hat gute Wirkkräfte.
- Neuer Ansatz zwei Tage nach Vollmond – das abgegossene Getränk hat sehr gute Wirkkräfte.

Zwei Kombucha-Ansätze pro Monat
Die Gärzeit beträgt jeweils 14 bis 15 Tage – ein idealer Rhythmus für das Winterhalbjahr:
- Neuer Ansatz bei Neumond – das abgegossene Getränk hat geringere Wirkkräfte.
- Neuer Ansatz bei Vollmond – das abgegossene Getränk hat sehr gute Wirkkräfte.

Das Gärgetränk mit geringeren Wirkkräften aus der Zeit des abnehmenden Mondes kann man:
- dennoch trinken, da ja nur etwas weniger Wirkkräfte enthalten sind.
- mit dem Pilz zumindest bis zum zunehmenden Halbmond weitergären lassen und die Flüssigkeit zur äußerlichen Anwendung oder als Essig

verwenden (in letzterem Fall gleich beim Ansatz weniger Zucker nehmen, um den Säuregehalt zu vergrößern).

♦ in der Flasche bis zum zunehmenden Halbmond oder länger nachgären lassen, indem man etwas gedünstetes Obst – zum Beispiel Apfel oder Pflaume – in die Flasche gibt. Das verleiht dem Getränk zudem eine fruchtig-aromatische Note.

Kräuterwahl nach Sternzeichen

Wer im Sternzeichen Löwe, also zwischen dem 23. Juli und 23. August, geboren wurde, bekommt leichter als andere Menschen Rheuma, Gicht und Herz-Kreislauf-Störungen. Skorpion-Geborene (24. Oktober – 22. November) sollen oft an Drüsenstörungen, Verstopfung und die Frauen an Menstruationsstörungen leiden, wohingegen Zwillinge (22. Mai – 21. Juni) eher Probleme mit ihrem Nervenkostüm, Erkältungen und Knochen beklagen. Dies glauben Astrologen in umfangreichen Statistiken herausgefunden zu haben. So besäße jedes Sternzeichen ganz typische Gesundheitsprobleme. Diesen kann man nun versuchen vorzubeugen oder sie bei bereits bestehenden Unpässlichkeiten lindern – mithilfe „Sternzeichen-typischer" Heiltees für den Gäransatz. Dazu wählt man einfach einige der Kräuter aus, die im Teil „Beschwerden von A-Z" unter den jeweiligen im Folgenden genannten Befindlichkeitsstörungen aufgelistet sind.

WIDDER (21. 3. – 20. 4.)
Gesundheitliche Schwächen: Kopfschmerzen, Schlaflosigkeit, Verdauungsstörungen, Verstopfung

STIER (21. 4. –21. 5.)
Gesundheitliche Schwächen: Hauterkrankungen wie Akne, Leber- und Nieren-Erkrankungen

ZWILLINGE (22. 5. – 21. 6.)
Gesundheitliche Schwächen: Nervosität, Erkältungen, Knochenprobleme

KREBS (22. 6. – 22. 7.)
Gesundheitliche Schwächen: Verstopfung, Nervenleiden, Magenbeschwerden, niedriger Blutdruck, Prostata-, Leber-Erkrankungen

LÖWE (23. 7. – 23. 8.)
Gesundheitliche Schwächen: Herz-Kreislauf-Erkrankungen, Rheuma, Gicht

JUNGFRAU (24. 8. – 23. 9.)
Gesundheitliche Schwächen: Nervosität, Rheuma, Leber-Erkrankungen, Verstopfung, Krampfadern

WAAGE (24. 9. – 23. 10.)
Gesundheitliche Schwächen: Herz-Kreislauf-Erkrankungen, Nervosität, Nieren-, Prostata-Erkrankungen, Menstruationsbeschwerden

SKORPION (24. 10. – 22. 11.)
Gesundheitliche Schwächen: Menstruationsbeschwerden, Verstopfung

SCHÜTZE (23. 11. – 21. 12.)
Gesundheitliche Schwächen: Rheuma, Nervenleiden, Gelenkbeschwerden, Müdigkeit

STEINBOCK (22. 12. – 22. 1.)
Gesundheitliche Schwächen: Verstopfung, Rheuma, Gicht, Herz-Kreislauf-Erkrankungen, Gelenkschmerzen

WASSERMANN (21. 1. – 19. 2.)
Krampfadern, Venenleiden, Magen- und Darmbeschwerden, Nervosität

FISCHE (20. 2. – 20. 3.)
Gesundheitliche Schwächen: Herz-Kreislauf-Erkrankungen, Kopfschmerzen, Magenbeschwerden, Lungen-Erkrankungen

Noch mehr Lichtenergie

Lebendig und vital kann man sich gar nicht genug fühlen. Seit der Entdeckung der Biophotonen, dem Licht in unseren Zellen, wissen wir auch um deren große Bedeutung für unsere Gesundheit. Letztlich ist der Mensch sogar eher ein elektromagnetisches Wesen als ein stofflich-materielles (auch Materie ist bekanntlich nichts anderes als hoch konzentrierte Energie). Völlig unabhänig von der Temperatur strahlt der Mensch nämlich allein im Wärme- und Mikrowellenbereich – also im elektromagnetischen Spektrum unterhalb des Lichts der Biophotonen – pro Sekunde etwa eine Trilliarde (eine 1 mit 21 Nullen) Teilchen ab. Dies entspricht der Leistung von zirka 100 Watt pro Stunde oder von insgesamt 6 000 bis 9 000 Kalorien. Gleichzeitig nehmen wir aus unserer Umgebung aber auch große Mengen an Schwingungsenergie auf – stündlich etwa 5 000 bis 7 000 Kalorien. So müssen wir mit unserer Nahrung nur den Differenzbetrag von 1 000 bis 2 000 Kalorien decken. Dabei regen die Schwingungsenergien der Nahrung den schwingenden menschlichen Organismus an. Doch die Nahrung ist nicht die einzige Möglichkeit, dies zu erreichen. Es gibt noch andere, die uns ebenfalls zu größerer Vitalität und mehr Lichtenergie im Körper verhelfen.

Sonnenbaden und Vollspektrumlicht

Wann waren Sie zuletzt in der Sonne und haben deren Strahlen auf der Haut genossen (natürlich ohne sich dabei verbrennen zu lassen)? War es am letzten Wochenende, vor einem Monat, im letzten Sommer? Wann sind Sie zuletzt für mindestens zwei Stunden im Freien gewesen?

Es ist nicht nur frische Luft, die Sie dabei tanken können. Der Aufenthalt im Freien ist auch die einfachste Methode für Lichtzufuhr – am besten in Form eines Sonnenbades. Über Augen und Haut nehmen wir nämlich direkt Biophotonen auf. Und unter anderem stimuliert und reguliert das Sonnenlicht Enzyme und aktiviert die Abwehrkräfte. Leider sind die meisten berufstätigen Menschen und die Mehrzahl der Schulkinder heute viel zu wenig im Freien. Während sich die Menschen früher etwa 80 Prozent des Tages draußen aufhielten, sind es heute bestenfalls 10 bis 20 Prozent. Fensterscheiben und ein Großteil der Brillengläser aber filtern einen Teil des Lichtspektrums heraus.

Noch schlimmer ist die künstliche Beleuchtung. Stellen Sie sich vor, Sie müssten zwei Mahlzeiten am Tag immer nur Nudeln mit Tomatensoße essen – jeden Tag, ein Leben lang. Genau das fügen die meisten Menschen ihren Lichtsinnen zu – eine sehr einseitige, schädliche „Lichtdiät". In der normalen künstlichen Beleuchtung ist nämlich nur ein kleiner Teil des natürlichen Sonnenspektrums enthalten. Mittlerweile wurde in wissenschaftlichen Studien bewiesen, dass der lange und überwiegende Aufenthalt unter normalem Kunstlicht – egal ob Glühlampen oder Leuchtröhren – zu vielfältigen Hormon- und Stoffwechselstörungen führen kann. Diesen Mangel an bestimmten Wellenlängen des Lichts kann man außer durch tägliches Sonnenbaden auch mithilfe neuartiger Vollspektrumleuchten beheben: So ähnelt zum Beispiel das Licht der so genannten Truelite-Röhre zu 96 Prozent dem Sonnenlicht. Derartige VOLLSPEKTRUMLEUCHTEN sind im heutigen Berufsalltag vor allem im Winter für viele die einzige Möglichkeit, genügend ausgewogenes Licht zu erhalten. Wegen ihrer wissenschaftlich bewiesenen positiven Beeinflussung der Gesundheit erhielt die Truelite-Röhre, die mit Unterstützung der NASA entwickelt worden ist, in den USA sogar eine Registrierung als medizinisches Produkt. Seit kurzem gibt es auch eine deutsche „Sonnenlichtröhre", deren Spektrum noch stabier sein soll (Bezugsquellen siehe Anhang).

Meditation und Energie-Körperübungen

Jeder weiß, dass sich unser Organismus durch Entspannung regeneriert. Man schläft sich sogar gesund, wie der Volksmund sagt. Meditation ist eine Form tiefer Entspannung, die – wissenschaftlich belegt – zahlreiche positive Wirkungen auf die Gesundheit hat. Beispiele sind eine Senkung des Blutdrucks, Schmerzlinderung, verbessertes Seh- und Hörvermögen, schnellere allgemeine Reaktionszeiten, bessere Konzentrationsfähigkeit, verbessertes Gedächtnis, Hilfe bei Suchtkrankheiten, dauerhafte Linderung von Ängsten und ein verbesserter Umgang mit Stress.

Seit kurzem wissen die Wissenschaftler zudem, dass in der Meditation das innere Biophotonenlicht des Körpers „geordnet" und dadurch in seiner Wirkkraft verstärkt wird. Vergleichbar ist dies mit dem Unterschied zwischen einem Laser und einer normalen Glühbirne. Der Laser hat eine vielfach stärkere Wirkkraft als die Glühbirne, weil er sein Licht synchron und nicht chaotisch aussendet – sein Licht ist „kohärent". Biophotonenforscher haben entdeckt, dass auch die Biophotonen, mit denen die DNS unter anderem über die Enzyme als Licht-Empfänger und -Sender den Stoffwechsel steuert, tatsächlich eine Art Laserlicht sind. Japanische Wissenschaftler haben nun bewiesen, dass zum Beispiel durch Qi-Gong-Übungen (spezielle Körperübungen mit energetischer Wirkung) diese Laser-Qualität der Biophotonen verbessert werden kann. Sie stellten nämlich fest, dass sich die Lichtabstrahlung der Akupunkturpunkte und damit der Energieleitbahnen im Körper, der so genannten Meridiane, nach solchen Übungen verringert. Das heißt, dass weniger Licht „verloren" wird.

Einen ähnlichen Einfluss hat auch Meditation. Durch sie können die Gehirnwellen der linken und rechten Hemisphäre synchronisiert, also in Gleichklang gebracht werden. Disharmonien zwischen beiden Gehirnhälften sind typisch für unser normales Alltagsbewusstsein. In der Meditation werden zudem längere Gehirnwellen (so genannte Delta- und Theta-Wellen) dominant. Nichts anderes geschieht im Laufe der Nacht, wenn wir für den nächsten Tag auftanken. Laut Biophotonen-Entdecker Dr. Fritz-Albert Popp kann Meditation daher als „eine Art Kohärenztherapie im langwelligen Bereich unseres Photonenfeldes aufgefasst werden". Das bedeutet vereinfacht gesagt, dass auch Meditation für mehr inneres Licht und eine höhere Ordnungskraft der Biophotonen sorgt.

Lebensgefühl

Wer Angst und Depressionen hat, sieht nicht nur alles „schwarz", er verfügt tatsächlich über weniger geordnetes inneres Licht. Auch wer zu viel Stress hat, tut seinem Biophotonen-Pegel damit keinen Gefallen. Wie nämlich Forschungen der so genannten Psychoneuroimmunologie – der kurz PNI genannte Wissenschaftsbereich beschäftigt sich mit dem Einfluss von Psyche und Geist auf Immunsystem, Hormone, Botenstoffe im Gehirn und dadurch auf Krankheiten und Genesung – gezeigt haben, sind Stress, Ängste und Depressionen wahre Enzym- und damit auch Licht-Räuber. Ein Lebensgefühl und Lebensstil, mit dessen Hilfe Sie diese negativen Einflüsse immer wieder schnell hinter sich lassen, trägt also auch zu einem Zuwachs des inneren Lichts und damit zu einer besseren Gesundheit bei.

Dies ist leichter gesagt als getan, werden Sie sagen – und Sie haben völlig Recht. Und dennoch ist es eigentlich ganz einfach, die „schwarzen Löcher" immer kleiner werden zu lassen: Das Geheimnis zum Glücklichsein heißt „Achtsamkeit und Bewusstheit". Lassen Sie sich in ihrem täglichen Leben nicht von den Umständen oder anderen Menschen hin und her schubsen, sondern nehmen Sie die Dinge selbst in die Hand und tun Sie alles bewusst. Wenn Sie staubsaugen, am Computer oder am Band arbeiten, in der Freizeit wandern gehen oder Tennis spielen – seien Sie achtsam. Durch das bewusste Tun werden alle Tätigkeiten und Gedanken bedeutsamer und sinnvoller.

Achten Sie auch auf die kleinen Dinge im Leben, was nicht heißt, dass Sie die großen Dinge vergessen sollen. Erinnern Sie sich, wie kleine Kinder ihre Welt erobern? Auf drei Metern Waldweg entdecken sie ein ganzes Universum, eine Tannennadel, einen Käfer, ein welkes Blatt, ein Loch im Erdboden, viele wahnsinnig interessante Steine und Erdkrümel, Ameisen und und und.

Genauso achtsam und entdeckungsfreudig können Sie im Umgang mit Ihren Mitmenschen sein: Wie spricht Ihr Gegenüber, wie hält er seinen Körper dabei? Wie empfinden Sie sich selbst, während er oder sie etwas sagt oder tut? Achtsamkeit und Bewusstheit können uns lehren, unsere Energie nicht zu verschleudern, sondern gezielt einzusetzen. Sie machen uns bewusster, was uns ängstigt, traurig macht und stresst und gewissermaßen unser „Lebenslicht" verbraucht.

Werden Sie auch bewusster für eine neue Haltung Ihrer Ernährung gegenüber, und seien Sie achtsam bei Herstellung und Genuss der neuen und altbewährten Enzym-Gärgetränke. Sie werden staunen über deren beachtlich große Wirkung auf Ihr Immunsystem und die gesamte Vitalität von Körper, Geist und Seele.

Bezugsquellen

KOMBUCHA-PILZ:
- *Arbeitskreis seelische und körperliche Gesundheit,* Ingeborg Oetinger, Ruck-hardtshauser Straße 7, D-74613 Öhringen-Ohrnberg,
  Tel.: 0 79 48/7 55, Fax: 0 79 48/24 46
- *Neues Leben, Fachversand für Naturheilmittel,* Adelheid Stutz, Neuffener Straße 26, D-72584 Hüben,
  Tel.: 0 71 25/63 29, Fax: 0 71 25/63 24
- *Interpilz,* Dr. Meixner GmbH, Sonntagweg 6c, D-70569 Stuttgart,
  Tel.: 07 11/6 87 66 06, Fax: 07 11/6 78 83 80

KEFIR-PILZ:
- Interpilz, Dr. Meixner GmbH, Sonntagweg 6c, D-70569 Stuttgart,
  Tel.: 07 11/6 87 66 06, Fax: 07 11/6 78 83 80

KEFIR-FERMENT; SAUERGEMÜSE-FERMENT (zur Herstellung von Kwass-Ge-tränken geeignet):
- Reformhäuser, Naturkostläden, Apotheken; Informationen zu Bezugs-quellen des „bionic"-Ferments bei: *Biokosma GmbH,* Brühlstraße 15, D-78441 Konstanz, Tel.: 0 75 33/93 01 40, Fax: 0 75 33/93 01 31

BASENMINERALIEN:
- Natron (chemischer Name: Natriumbicarbonat und Natriumhydro-gencarbonat) oder unterschiedliche Mischungen sind in Apotheken, Reformhäusern, Naturkostläden, Drogerien erhältlich
- Heilerde („fein" oder Pulver). Das bekannte schweizerische Heilerde-pulver „Aion A" aus Würenlos, das von der medial begabten Heilerin Emma Kunz entdeckt worden war, gilt als besonders hochwertig. Bezug: Emma-Kunz-Zentrum, Steinbruchstr. 5, CH-5436 Würenlos, Tel.: 00 41/(0)56-4 24 20 60, Fax: 4 24 20 62.

DAMPFDESTILLIERER:
- in manchen Fachgeschäften für Elektro- und Haushaltwaren
- bei *Bionika Versand GmbH & Co KG*, Postfach: 1261, D-27718 Ritterhude, Tel.: 01 80/5 30 49 50, Fax: 01 80/5 30 49 51

TACHYONEN-PRODUKTE ZUR WASSER-ENERGETISIERUNG:
- Zentralimporteur für Europa: *Advanced Tachyon Technologies*, Karar H. Moeller Handelsvertretungen, Weidenstr. 7b, D-65527 Niedernhausen, Tel.: 0 61 27/9 10 60, Fax: 0 61 27/9 10 71

TEE AUS BIO- UND NATURANBAU:
- Naturkostläden, Reformhäuser
- *Grüntee Grabowski*, Natur Tee Versand – Grabowski GbR, Rennplatzstr. 123, D-26125 Oldenburg, Tel.: 04 41/3 64 64, Fax: 04 41/3 12 19
- *Oasis Teeversand GmbH*, Weillindestr. 20-22, D-72186 Empfingen, Tel.: 0 74 85/9 76 70, Fax: 0 74 85/97 67 99

VOLLSPEKTRUMLICHT
- *Bio-Licht*, Obergünzlstr. 46, D-84579 Unterneukirchen, Tel.: 0 86 34/50 02, Fax: 0 86 34/63 62 (Entwickler deutsche Röhren)
- *Dr. Krug, Licht & Partner*, Schwarzburgstr. 21, D-60318 Frankfurt, Tel.: 01 80/5 22 53 05, Fax: 0 69/95 53 01 17
- *Elbionik*, Forchheimer Str. 10, D-96129 Strullendorf, Tel.: 0 95 43/4 15 57, Fax: 0 95 43/4 15 58
- *Licht-Service Maximilian Schäfer*, Rempertshofen Nr. 26, D-88353 Kißlegg, Tel.: 0 75 63/72 22, Fax: 0 75 63/72 23
- *Schaller Naturlicht-Beleuchtungen*, Eppaner Str. 7a, D-86316 Friedberg, Tel./Fax: 08 21/60 83 02

Literatur

ENZYM-GÄRGETRÄNKEN:

Arndt, Ulrich: Sprudelnde Lebenskraft. Zeitschrift „esotera" Nr.4/1996,
S. 60–65

Prof. Dr. Borissjuk, M. u. a.: Untersuchung über immunaktivierende Wirkungen des milchsauren Gärgetränks Brolacta. Zeitschrift „Erfahrungsheilkunde" Nr. 8/1996, S. 499–506

Fasching, Rosina: Teepilz Kombucha. Ennsthaler Verlag, Steyr/Österreich
1995

Frank, Günter W.: Kombucha – Das Teepilz-Getränk. Ennsthaler Verlag,
Steyr/Österreich 1989

Prof. Dr. Grossarth-Maticek, Ronald: Häufigkeit von Grippe und Erkältungskrankheiten bei Einnahme eines milchsäurehaltigen Getränks. Zeitschrift „Erfahrungsheilkunde" Nr.6/1990, S. 386–389

Kanne-Brottrunk GmbH & Co. KG (Hrsg.): Das Lebensmittel für Ihr Wohlbefinden, Brot – Brottrunk, Studienergebnisse, Vorträge. Firmenpublikation, Lünen o. J.

Dr. Kobyashi, Hiroaki und Dr. Sano, Tetsuo: Die Enzyme, die in O-E (Super-Ohtaka) identifiziert wurden. Ohtaka-Enzyme Co. Ltd., Otaru/Japan

Krebs, Susanna u. Pollak, Gusti: Kefir – Der Alleskönner in der Küche. AT
Verlag, Aarau/Schweiz 1995

Dr. Reiß, Jürgen: „Der Teepilz und seine Stoffwechselprodukte", in: Zeitschrift „Deutsche Lebensmittelrundschau", Nr. 83 (9/1987),
S. 286–290

LITERATUR ZU ENZYMEN, ERNÄHRUNG UND BIOPHOTONEN:

Dr. Beck, Berthold und Oetinger-Papendorf, Ingeborg: Durch Entsäuerung zu seelischer und körperlicher Gesundheit – Lehrbuch. Buchdienst Oetinger,
Öhringen 1983

Bischof, Marco: Biophotonen – Das Licht in unseren Zellen. Zweitausendeins Verlag, Frankfurt 1995

Cousens, Gabriel: Ganzheitliche Ernährung. Verlag Hans-Jürgen Maurer, Frankfurt 1995

Dries, Jan und Inge: Lebensmittel richtig kombinieren. Waldthausen Verlag, Ritterhude 1994

Dr. Glenk, Wilhelm u. Dr. Neu, Sven: Enzyme – Die Bausteine des Lebens. Heyne Verlag, München 1990

Hoffmann, Manfred (Hrsg.): Vom Lebendigen in Lebensmitteln. Deukalion Verlag, Holm 1997

Opitz, Christian: Ernährung für Mensch und Erde. Hans-Nietsch-Verlag, Waldfeucht 1995

Dr. Popp, Fritz-Albert: Die Botschaft der Nahrung. Fischer Verlag, Frankfurt 1994

Summ, Ursula: Trennkost nach Dr. Hay. FALKEN Verlag, Niedernhausen

Prof. Dr. Dr. Wrba, Heinrich und Dr. Pecher, Otto: Wirkstoffe der Zukunft – Mit der Enzymtherapie das Immunsystem stärken. Orac Verlag, Wien/Österreich 1993

WEITERFÜHRENDE THEMEN:

Arndt, Ulrich: Geheimnisse des Wassers (in 3 Teilen). Zeitschrift „esotera" Nr. 8, 9 und 10/1996

Gebelein, Helmut: Alchemie – Die Magie des Stofflichen. Diederichs Verlag, München 1991

Paungger, Johanna und Poppe, Thomas: Vom richtigen Zeitpunkt – Die Anwendung des Mondkalenders im täglichen Leben. Hugendubel Verlag, München 1991

Vanselow-Leisen, Katharina: Die Leisenkur. Turm Verlag, Bietigheim 1970

Dr. Walker, Norman W.: Wasser kann Ihre Gesundheit zerstören. Waldthausen Verlag, Ritterhude 1994

Register

A

Abele, Dr. Johann 29, 76
Achtsamkeit 123 f.
Akne und Ekzeme 107, 109
Alkoholgehalt 74, 89, 92
Alchemie 13, 38, 40 f., 61, 116
Allergien 102
Altern, Alters-
   erkrankungen 20, 39
Aminosäuren 32
Amrita® 53
Arteriosklerose 46, 100, 102
Asthma 100, 102
Ayurveda 51 ff.

B

Bach-Blütenessenzen 56,
   59, 109 ff.
Bakterien 19, 49, 80
Basen 22 ff.
Basenmineralien 28, 30
Beleuchtung, künstliche 121
Biokatalysatoren 12, 19, 32
Biophotonen, Biolicht 13 ff., 19,
   31, 35, 38, 116, 120, 122
Bircher-Benner, Maximilian Oskar 16
Blasenleiden 100, 102, 106
Bluthochdruck 102
Brolacta® 37, 45, 61 f.
Bronchitis, chronische 101

C

Candida 45, 76 f.
Chi® 58
Cholesterin 44
chronische Krankheiten 11, 12,
   21, 44 ff., 77
Co-Enzyme 32 f.
Cousens, Dr. Gabriel 35

D

Darmstörungen 44, 46, 103
Diabetes 44, 46 f., 76 f., 103
Dioskurides 60
DNS 15, 19 f., 35
Doping, natürliches 21
Dr. rer. nat. Meixner's
   Combucha®-Teekwass 53

E

Eden-Gemüsesäfte 63
Eigenvergiftung 25
Einflüsse des Mondes 40, 115 ff.
Einstein, Albert 35
Ekzeme 107, 109
elektromagnetische Felder 12
Elektronenenergie, freie 11
Energie-Körperübungen 121 f.
Entgiftung, Entschlackung 27 ff.,
   42 f., 88 f., 98 ff., 116
Entzündungen 33, 44 ff.

Enzym-Blocker 34
Enzym-Gärgetränke 13, 19, 21,
    28, 30, 37, 40 ff., 49 ff.
Enzym-Hemmer 34
Enzyme 9, 12 ff., 19 ff.,
    28, 31 ff., 42
Enzymtherapie 20, 39
Erkältungen 103
Ernährung 9, 15 f., 21, 124
Ernährungskunde 12
Ernährungsregeln 29

F
Fasten 28, 30
Fehlernährung 11, 18, 22, 24
Fischer's Tsche 51
formgebendes Feld 35
Frischkost 16, 42
Frühjahrsmüdigkeit 103
Fußpilz 107

G
Gärort 49, 68, 89
Gärung 13, 39 ff., 49, 69 ff.
Gallenbeschwerden 46,
    101, 103
Gedächtnis des Wassers 83 f.
Gelenkbeschwerden 46,
    101, 103
Genussmittel 34
Gicht 24, 45, 103
Goethe, Johann Wolfgang von 40
Grippe 44, 103

H
Haarausfall 101, 109
Hämorriden 104
Hauterkrankungen 45 f.,
    101, 104
Hautpflege 107
Hay, Dr. Howard 25
Hefen 19, 48 f.
Heilkräfte 11, 40 ff., 55
Heilmittel 11, 13, 16,
    19, 39 ff.
Heilungskrisen 28, 30
Heirler Molke-Kwass 62
Heiserkeit 107
Herz-Kreislauf-
    Erkrankungen 46, 104
Hexenschuss 24
Hippokrates 11
HydroCristall®-Wasser 51 ff.

I
Immunsystem 13, 16, 19, 44
Insektenstiche 109

K
Kalorien 31, 76
Kanne-Brottrunk® 37, 45, 61 f.
Katalysatoren, chemische 32
Kefir 43, 46, 64, 91 ff.
Kervran, Louis 38
Klosterschriften des Heiligen
    Wladimir 60
Koffein 78

Kombucha 43, 45 f., 48 ff.,
  67 ff., 107
Kombucha-Essig 87, 107
Kombucha-Tropfen 59 f.
Kopfschmerzen 21
Krampfadern 100, 104, 108
Kräuter-Mischungen 97
Krebs 21, 45 f., 48, 73
Kwass 37, 43, 60 ff., 88 ff., 109

L

Leber-, Gallenbeschwerden 46 f.,
  101, 103, 104
Leisenkur 99 ff.
Licht, inneres 9, 13 ff., 19, 123
Lichtenergie 14, 116
Lichtlieferanten 19
Lichtmangel 16, 25
Lichtwellen 11, 15, 31
Lungenerkrankungen 105

M

Magen-, Darmstörungen 44, 46,
  102, 104
Makromoleküle 13, 15, 19 f.
Mayas 39
Medikamente 34
Meditation 121 f.
Menstruationsbeschwerden 105
Migräne 21, 101, 108
Milchsäure 44, 47 ff., 70 f., 88
Milchsaure Säfte 63
Mineralien 32, 44, 48, 80 f.

Mineralienmangel 38
Mitchell, Dr. Edgar D. 55
Mond, Einflüsse des 115 ff.
Müdigkeit 21
Multiple Sklerose 21
Musikbeschallung 58 f.
Muskelschmerzen 44, 108
Mythen 49

N

Nährstoff-Kombinationen 25 ff.
Nahrungsergänzung 13
Nahrungsmittel 11, 14,
  16, 19, 34
Nahrungszusätze 34
Nase, verstopfte 108
Natur Pur® Kombu'Cha 56
Nervenleiden 105
Nervosität 105
Newton, Sir Isaac 40
niedriger Blutdruck 102
Nieren-, Blasenleiden 46, 100,
  102, 106

O

Oberflächenspannung des Wassers
  40, 84
Ojas-Wasser 58 f.
Orchideen-Blüten-
  Essenzen 54, 56
Original Kombucha nach
  Dr. Sklenar® 45, 51
Osseten 64, 93

P

Paracelsus 40

Pauling, Linus Carl 32

pH-Wert 12, 22, 24

Photonenresonanz 35

Planeteneinflüsse 40, 115

Plinius d.J. 60

Popp, Dr. Fritz Albert 15 ff., 53, 122

Powerkost 29

Prostataerkrankungen 106

R

Rheuma 21, 24, 45 f.,
99 ff., 106, 109

S

Säure-Basen-Haushalt 12, 21,
43, 46 f.

Säuren 22 ff., 44, 48

Säureschlacken 25, 27 f.,
30, 73

Schlaflosigkeit 106

Schuppen 108

Schuppenflechte 45, 109

Seelenzustände 110 ff.

Shelton, Dr. Herbert 26

Sojasauce 12

Sonnenbaden 120

Spagyrik 13, 40

Spurenelemente 32 f., 44, 48

Sri Chinmoy 58

Steiner, Rudolf 16

Sternzeichen 118

Stoffwechsel 16, 19 ff., 32 f.,
38, 43

Stoffwechselstörungen 12, 24,
66, 121

Störungen,
psychosomatische 110

Stresssäuren 30

Super-Ohtaka 37, 39, 43,
46 f., 65 f.

T

Tachionenenergie 54 f., 84

Thyphus 46, 48

Traubenzucker 69 f., 74 f.

U

Übersäuerung 12, 24

Umweltgifte 34

V

Verdauung 21, 24, 47

Verjüngung 39

verstopfte Nase 108

Verstopfung 106

VitaPur® 54

Viva 53

Vitalkost 30, 42

Vitamine 32, 44, 48

Vollspektrumlicht 120 f.

W

Walker, Dr. 81

Warzen 108

Wasser   79 ff.
- Energetisierung, geoman-
    tische   57
- Gedächtnis   83 f.
- Oberflächenspannung   40, 84
Wechseljahre   106
Wunden, eiternde   109
Wunden, schlecht heilende   101

Z

Zellulitis   109
Zitronensäurezyklus   37, 66
Zivilisationskrankheiten   11, 12,
    24, 43

Die neue Rückenschule
Von K. Haak – 64 S., kartoniert
ISBN: 3-8068-**2146**-1
Preis: DM 16,90

Die Zahl der Menschen, die von Rückenschmerzen betroffen sind, ist sehr groß.
Die „neue Rückenschule" bietet Ihnen ein
ganzheitliches Konzept, mit dem Sie
Rückenschmerzen wirkungsvoll begegnen
und die verschiedenen Ursachen bekämp-
fen können.

Rheuma
Von Prof. Dr. med. K. Gräfenstein – 128 S.,
kartoniert
ISBN: 3-8068-**2000**-7
Preis: DM 19,90

Aktiv gegen die Erkrankung angehen an-
statt zu resignieren ist die Devise. Dieser
Ratgeber enthält eine Vielzahl von Anregungen zur Selbsthilfe mit erprobten rheuma-
gymnastischen Übungen und Hilfsmitteln.

Traditionelle Chinesische Medizin
Von D. Accolla, P. Yates – 368 S., gebunden
ISBN: 3-8068-**7381**-X
Preis: DM 49,90

Harmonie, Ganzheit und Gleichgewicht
sind die Schlüsselbegriffe der Traditionellen Chinesischen Medizin. Dieser Ratgeber
informiert Sie umfassend über das Verständnis von Krankheiten aus fernöstlicher
Sicht, Mittel und Wege, Krankheiten zu
vermeiden und die Möglichkeiten der
Selbstbehandlung.

Heilen und vorbeugen mit Wein
Von Dr. med. F.-A. Graf v. Ingelheim,
I. Swoboda – 96 S., kartoniert
ISBN: 3-635-**60311**-2
Preis: DM 14,90

Im Wein ist Gesundheit! Das wussten
schon die alten Griechen. Auch Wissenschaftler haben die lebensverlängernde
und vorbeugende Wirkung des Rebensaftes
bewiesen. Dieser Ratgeber fasst die
Anwendungen und Wirkungen der wohl-
schmeckenden Medizin zusammen.

Autogenes Training
Von R. Faller – 110 S., kartoniert
ISBN: 3-635-**60009**-1
Preis: DM 9,90

Durch autogenes Training haben bereits
Millionen Menschen zu mehr Lebensfreude
und Selbstsicherheit gefunden. Die Übungen in diesem Buch führen stufenweise
zur positiven Beeinflussung der seelischen
Haltung und zu völliger Entspannung.

Die sanfte Art des Heilens – Homöopathie
Von H. Ginglas – 120 S., kartoniert
ISBN: 3-635-**60206**-X
Preis: DM 14,90

Auf der Suche nach alternativen Heil-
methoden findet die Homöopathie immer
größeren Zuspruch. In diesem Ratgeber
erfahren Sie, bei welchen Beschwerden die
Homöopathie helfen kann und wann Sie
sie auch selbst anwenden können.

Schüßler-Salze
Von A. Rückert – 128 S., kartoniert
ISBN: 3-635-**60518**-2
Preis: DM 14,90

Der menschliche Organismus braucht
Mineralstoffe und Spurenelemente, um
reibungslos zu funktionieren. Dieses Buch
informiert Sie über die Anwendung der
Schüßler-Salze, in denen die Zellnährstoffe
enthalten sind.

Natürlich entgiften mit der Öl-Zieh-Kur
Von I. Hammelmann – 80 S., kartoniert
ISBN: 3-635-**60391**-0
Preis: DM 10,90

Das „Kauen" von hochwertigem Sonnen-
blumenöl dient der Entgiftung des Körpers
und trägt dazu bei, die Abwehrkräfte zu
stärken. Wie das Ölkauen funktioniert und
welche Naturheilmethoden die positive
Wirkung der Ölkur unterstützen, erläutert
dieser Ratgeber.

Die sagenhafte Heilkraft der Papaya
Von H. W. Tietze – 80 S., kartoniert
ISBN: 3-635-**60396**-1
Preis: DM 12,90

Schon lange ist den Naturvölkern die Heilkraft der Papaya bekannt. Sie wirkt gegen
Infektionen, als Beruhigungs- und Stär-
kungsmittel. Auch bei Krebserkrankungen
wird ihr heilende Wirkung nachgesagt.
In diesem Ratgeber erfahren Sie mehr über
die Papaya und ihr Konzentrat.

Kava-Kava
Von I. Hammelmann – 80 S., kartoniert
ISBN: 3-635-**60514**-X
Preis: DM 12,90

Die exotische Wurzel aus der Südsee
macht mit ihrer Heilkraft von sich reden.
Der Ratgeber informiert Sie über die
entspannende, beruhigende Wirkung
des Wurzelextrakts, welcher u.a. gegen
Schmerzen, Depressionen und Nieder-
geschlagenheit helfen kann.

Teebaumöl für Gesundheit und Schönheit
Von S. Poth – 80 S., kartoniert
ISBN: 3-635-**60344**-9
Preis: DM 12,90

Teebaumöl wird wegen seiner guten Wirk-
samkeit geschätzt, es ist vielseitig und gut
verträglich. Dieses FALKEN Taschenbuch
beschreibt fundiert die verschiedenen
Therapien und Anwendungen in der alltäg-
lichen Körperpflege.

Grüner Tee
Von C. Teufl – 80 S., kartoniert
ISBN: 3-635-**60150**-0
Preis: DM 14,90

Grüner Tee ist ein feiner und zugleich heil-
samer Genuss. Dieser Ratgeber stellt die
verschiedenen Grünteespezialitäten vor
und informiert Sie über die richtige Zubereitung, die Inhaltsstoffe und die Heilwirkungen.

Stand der Preise: 1.2.1999. Änderungen vorbehalten

Mutter und Kind

FALKEN *Taschenbuch*

Wir werden Eltern
Von B. Nees-Delaval – 416 S., gebunden
ISBN: 3-8068-7353-4
Preis: DM 39,90

Von der Familienplanung bis zum Schulbeginn reicht die Themenpalette dieser Ratgeberreihe für Eltern und solche, die es werden wollen. Schwerpunkte sind Schwangerschaft und Geburt, Pflege, Entwicklung und Erziehung.

Weitere FALKEN ElternRatgeber:
1254-3	Ich bekomme ein Baby
2152-6	Gesunde Ernährung für Schwangere
2153-4	Mein Kind schläft durch
2154-2	Liebe geben, Grenzen setzen
0531-8	Das Babybuch
1999-8	Stillen
2055-4	Babyfitness
1612-3	Mein Baby entdeckt die Welt
4953-6	Was Dein Kind Dir sagen will
7358-5	Schön in der Schwangerschaft
2053-8	Babypflege
7316-X	Wenn Kinder krank werden
2054-6	Gesunde Ernährung für Babies
2151-8	Allergien bei Kindern
2155-0	Vornamen mit Tradition
7380-1	Das große FALKEN Babybuch
2114-3	Homöopathie für Kinder
1873-8	Babyschwimmen
7417-4	Willkommen mein Baby

Die schönsten Vornamen
Von A. F. W. Weigel – 144 S., kartoniert
ISBN: 3-635-60372-4
Preis: DM 14,90

Der Ratgeber hilft Ihnen bei der Auswahl der schönsten Namen für Ihr Baby und gibt Tipps, worauf bei der Namenswahl zu achten ist. Außerdem erhalten Sie Informationen über Ursprung und Bedeutung der Namen sowie fremdsprachige Namensformen.

Die Kunst des Stillens
Von Prof. Dr. med. E. Schmidt, S. Brunn – 110 S., kartoniert
ISBN: 3-635-60084-9
Preis: DM 14,90

Durch Stillen können Sie Ihr Kind gesund und natürlich ernähren. Dieser kompetente Ratgeber gibt praktische Anleitungen und Gesundheitstipps für werdende und bereits stillende Mütter.

Rückbildungsgymnastik
Von H. Höfler – 112 S., kartoniert
ISBN: 3-635-60062-8
Preis: DM 12,90

Was geschieht im Körper der Mütter in den ersten Wochen nach der Geburt? Dieses Buch gibt Antwort auf diese Frage und das abwechslungsreiche Übungsprogramm zeigt, wie jede Frau durch eine gezielte Gymnastik die Rückbildungsprozesse ihres Körpers fördern kann.

Johann Lafers Kochschule
Von J. Lafer – 416 S., über 860 Farbfotos,
gebunden
ISBN: 3-8068-**7372**-0
Preis: DM 69,90

Kochen lernen mit dem Profi. Diese Kochschule zeigt Ihnen, wo´s in der Küche
langgeht. Für Sie gibt der 2-Sterne-Koch
hier sein Wissen gebündelt weiter und
lässt sich gerne über die Schulter schauen.

Italienische Küche
Von M. Kaltenbach – 224 S., gebunden
mit Schutzumschlag
ISBN: 3-8068-**4830**-0
Preis: DM 49,90

Entdecken Sie die kulinarische Vielfalt
der Feinschmeckerregionen von Piemont
bis Sizilien. Dieses Kochbuch verbindet
Rezepte und Weinempfehlungen mit
Wissenswertem zu Land und Leuten.

Amerikanische Küche
Von C. Stevenson, P. Niebergall – 128 S.,
gebunden mit Schutzumschlag
ISBN: 3-8068-**7308**-9
Preis: DM 39,90

So facettenreich wie das Land, so vielfältig
ist auch die Küche. In diesem Kochbuch
werden die einzelnen Regionalküchen der
USA und deren Gerichte vorgestellt und
alle Rezepte ausführlich beschrieben.

Die Küche Mallorcas
Von S. Kirsch – 96 S., kartoniert
ISBN: 3-8068-**2195**-X
Preis: DM 16,90

Die Insel Mallorca ist nicht nur ein belieb-
tes Ferienziel, sondern hat auch ihren
besonderen kulinarischen Reiz. In diesem
Band warten über 60 Originalrezepte
darauf, ausprobiert zu werden.

Gewürzlexikon
Von U. Bültjer – 312 S., gebunden
ISBN: 3-8068-**4980**-3
Preis: DM 46,-

Eine unendlich große Auswahl an Würz-
zutaten aus der ganzen Welt steht uns
heute zur Verfügung. Dieses Buch soll Sie
mit dieser Vielzahl vertraut und sicher in
der Anwendung machen.

Raclette
Von S. Kieslich – 64 S., kartoniert
ISBN: 3-8068-**1964**-5
Preis: DM 9,90

Wer gerne Freunde zum Essen einlädt, sich
vorher aber nicht stundenlang um die Vor-
bereitung kümmern möchte, für den ist
ein Raclette einfach ideal. Dieses Buch
präsentiert Ihnen über 50 Rezepte für
jeden Geschmack und ein Extrakapitel
für köstliche Beilagen.

Stand der Preise: 1.2.1999. Änderungen vorbehalten

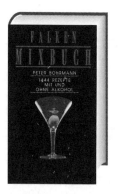

Wein richtig genießen lernen
Von Dr. H. Ambrosi, I. Swoboda –
128 S., gebunden
ISBN: 3-8068-**4809**-2
Preis: DM 29,90

Dieses Buch vermittelt das Grundwissen,
das benötigt wird, um einen Wein fach-
gerecht beurteilen zu können. Dabei ist
es weit entfernt von Fachbelehrung und
trockener Wissenschaft.

Was Weinfreunde wissen wollen
Von H.-G. Dörr, Prof. Dr. K. Röder, F. John –
224 S., gebunden
ISBN: 3-8068-**7342**-9
Preis: DM 29,90

Über 130 der häufigsten Fragen zum
Thema Wein werden in diesem Buch
beantwortet. So erhält der Weinfreund
grundlegende Informationen über Wein-
bau, Weinqualität, Weinproben, Lagerung
und Haltbarkeit.

Weinlexikon
Von Dr. H. Ambrosi – 384 S., gebunden
ISBN: 3-8068-**4942**-0
Preis: DM 39,90

Alles über den Wein in mehr als
1.500 Stichworten und rund 250 Abbil-
dungen: Anbau und Lagen, Herstellung
und Lagerung, Weinbauländer und Reb-
sorten und vieles mehr. Fachbegriffe werden erklärt, Weine zum Essen empfohlen,
Weinproben geschildert.

FALKEN Mixbuch
Hrsg.: P. Bohrmann – 560 S.,
227 Farbfotos, gebunden
ISBN: 3-8068-**4733**-9
Preis: DM 39,90

Mixen wie ein Profi – mit Hilfe dieses
Buches ist das kein Problem! 1.444 Rezep
te warten darauf, gemixt zu werden. Eine
ausführliche Warenkunde für alle Zutaten
sowie viele Tipps und Tricks zur Zubereitung und zum Dekorieren garantieren opt
males Gelingen und vollendeten Genuss.

Bowlen und Punsche
Hrsg.: F. Brandl – 64 S., kartoniert
ISBN: 3-8068-**1954**-8
Preis: DM 9,90

Phantasievolles für heiße und für kalte
Tage – in diesem Buch finden Sie über
100 Rezepte für fruchtig-spritzige Bowler
und aromatische Punsche sowie viele
Hintergrundinformationen. Für jeden
Geschmack ist etwas dabei – mit und
ohne Alkohol.

Alkoholfreie Drinks
Hrsg.: B. Schwiers – 64 S., kartoniert
ISBN: 3-8068-**1947**-5
Preis: DM 9,90

Es geht auch „ohne". Verwöhnen Sie sich
und Ihre Gäste mal mit Drinks ohne Alkoho
Das Buch zeigt Ihnen die große Vielfalt de
alkoholfreien Mixgetränke von kalorienar-
men Light Drinks über exotische Tropical
Drinks bis zu verführerischen Milchshakes

Das Horoskop der Druiden
Von C. Ludwig – 144 S., kartoniert
ISBN: 3-635-**60335**-X
Preis: DM 16,90

Das Horoskop der keltischen Druiden ist
eine Verbindung aus Naturhoroskop und
praktischer Psychologie, das die Menschen
mit Bäumen vergleicht. Dieser Ratgeber
verrät Ihnen, welchem Baum Sie ähneln
und wie Sie Ihre Potentiale besser nutzen
können.

Pendeln
Von N. Schreiber – 112 S., kartoniert
ISBN: 3-635-**60332**-5
Preis: DM 12,90

Pendeln kann ein faszinierendes Werkzeug
für die Bewältigung des Alltags sein. Dieses Buch gibt Anleitung für eine intuitive
Nutzung des magischen Pendelns, sei es
zur Selbsterkenntnis oder für konkrete
Probleme.

Lexikon der Esoterik
Von W. Bogun, N. Straet – 304 S., kartoniert
ISBN: 3-635-**60430**-5
Preis: DM 19,90

Endlich Antworten auf über 700 Fragen zu
klassischen und aktuellen esoterische Themen. Dieses Lexikon bietet eine Fülle von
Wissen zu Esoterik, Astrologie, Spiritualität
und Ganzheitsmedizin.

Traumdeutung
Von G. Haddenbach – 172 S., kartoniert
ISBN: 3-635-**60045**-8
Preis: DM 12,90

Träume sind aufschlussreiche Spiegelbilder
der Seele. Dieser Ratgeber ist eine hilfreiche
Einführung in die Welt des Traumes – u.a.
mit einem integrierten Lexikon der Traum-
symbolik.

Unerklärlich!
Von J. Clark – 224 S., kartoniert
ISBN: 3-635-**68006**-0
Preis: DM 29,90

Geisterlichter, UFOs und Riesenkraken:
Es gibt sie doch, die unerklärlichen Phäno-
mene. Ein bestinformierter Wissenschaftler
erläutert Erklärungsversuche für mysteriö-
se Beobachtungen.

Die Kunst, in Gesichtern zu lesen
Von C. An Kuei – 160 S., kartoniert
ISBN: 3-635-**68020**-6
Preis: DM 24,90

Der entlarvende Blick, wer möchte den
nicht beherrschen? Dieser Ratgeber gibt
tiefe „Einblicke" in die chinesische
Gesichtlesekunst Siang mien und zeigt,
wie man einzelne Gesichtsmerkmale
deuten kann.

Stand der Preise: 1.2.1999. Änderungen vorbehalten

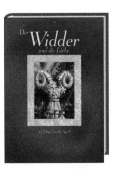

Der Widder und die Liebe
ISBN: 3-8068-1901-7
Die anderen Sternzeichen dieser Reihe:

1902-5	Stier
1903-3	Zwilling
1904-1	Krebs
1905-X	Löwe
1906-8	Jungfrau
1907-6	Waage
1908-4	Skorpion
1909-2	Schütze
1910-6	Steinbock
1911-4	Wassermann
1912-2	Fisch

Liebeshoroskope für Verliebte: Wer mehr über seinen Partner oder die Partnerin erfahren will, bekommt hier das Charakterbild der Erwählten analysiert und die Beziehungschancen dargestellt – einfühlsam, liebevoll und nicht mit astrologischen Begriffen überfrachtet.

Alle Bücher haben 80 Seiten, sind durchgehend vierfarbig, gebunden und kosten **DM 14,90**.

Liebes-Horoskop
Von W. Noé – 120 S., kartoniert
ISBN: 3-635-60297-3
Preis: DM 12,90

Die Sterne prägen die erotische Anziehung und sie können der Schlüssel zu tieferer Einsicht in Bezug auf sexuelle Bedürfnisse und Vorlieben sein. Dieser astrologische Ratgeber zeigt Ihnen den Weg zu einer befriedigenden und erfüllten Partnerschaft. Finden Sie heraus, bei welcher Sternzeichenkombination prickelnde Erotik sich von selbst einstellt und bei welcher mehr Verständnis und Toleranz nötig sind.

Der immerwährende Kalender der Mondkraft
Von S. Heideweg – 160 S., kartoniert
ISBN: 3-635-60301-5
Preis: DM 14,90

Die Kraft des Mondes wirkt und hilft. Wie Sie davon im täglichen Leben am besten profitieren, verrät Ihnen dieser Ratgeber.

Kraft der Sonne, Kraft des Mondes
Von S. Heideweg – 208 S., kartoniert
ISBN: 3-635-68009-5
Preis: DM 29,90

Im Einklang mit Sonne und Mond leben – Dieser astrologische Ratgeber bietet eine umfassende Orientierungshilfe für die Zeitplanung mit den kosmischen Kräften im Alltag.

Chinesisches Horoskop
Von G. Haddenbach – 88 S., kartoniert
ISBN: 3-635-60006-7
Preis: DM 9,90

Im uralten chinesischen Horoskop steht jedes Jahr unter dem Zeichen eines von insgesamt 12 Tieren, die Charakter und Schicksal des Menschen beeinflussen. In diesem Buch finden Sie Antworten zu Charakter, Liebe und Schicksal.

Die 12 Sternzeichen
Von G. Haddenbach – 144 S., kartoniert
ISBN: 3-635-60032-6
Preis: DM 12,90

Es gibt eine Verbindung zwischen Ihrem Charakter und den Gestirnen. Überprüfen Sie mit diesem Ratgeber, inwiefern die Ihrem Sternzeichen zugeschriebenen Eigenschaften auf Sie persönlich zutreffen